교사가 묻고
변호사가 답하다

교권·학폭전담 변호사의 깨알팁으로
'법알못 교사' 탈출하기!

교사가
묻고
변호사가
답하다

구슬 · 김동현 지음

테크빌교육

2년간 교권 전담 변호사로 근무하면서 많은 선생님을 만났습니다. 학생과 학부모 사이에 낀 자신이 샌드위치 속 햄만도 못한 것 같다며 풀어놓는 이야기를 듣다 보면, 함께 눈가가 촉촉해지기도, 가슴이 답답해지기도, 머리끝까지 화가 나기도 했습니다. 각양각색의 사연 속에는 공통점이 있었습니다. 선생님들께서 교육활동 침해에 대해 너무 모르고 있다는 겁니다. 매번 선생님들의 권리를 보호해주는 근거가 어떤 법에 있는지, 어떤 이유로 교권침해와 교육활동 침해를 다르게 판단하는지부터 설명해드려야 했습니다.

한편 2019년 교원의 지위향상 및 교육활동에 대한 특별법이 대대적으로 개정되면서 교육활동 침해학생에 대한 조치가 가능해졌습니다. 교육활동 침해학생을 전학, 심지어는 퇴학 조치까지 할 수 있게 되었지만 반대로 학교는 조치에 대한 불복 역시 감수해야 합니다. 조치의 주체가 지원청으로 이전된 학교폭력과 달리 교육활동 침해사안은 학교 교권보호위원회의 심의 결과에 따라 학교장이 조치합니다. 학교는 여전히 법적 분쟁에서 자유롭지 못합니다. 선생님들은 어쩌면 기울어진 운동장에서 힘겹게 뛰어가고 계신지도 모르겠습니다. 이 운동장을 바르게 세우는 힘은 지식에서 나옵니다.

이 책은 선생님들의 피부에 닿는 내용으로, 필요한 부분만 골라 읽을 수 있게 실제 상담에서 나온 질문들을 가공하여 꾸렸습니다. 교육활동 침해의 기본개념부터 개정법에 따라 바뀐 절차와 코로나19에 따른 교육환경의 변화로 발생할 수 있는 사안도 담아보았습니다. 교육과 관계된 일반사법절차와 선생님들의 관심이 뜨거운 아동학대에 관한 내용도 함께 보실 수 있습니다. 학교현장에서 발생할 수 있는 법률관계가 궁금한 전국 선생님들의 책꽂이에 꽂힌 책이 되길 바랍니다.

설익은 글들이 모여 한 권의 책으로 묶이기까지 도와주신 분들이 있습니다. 교육과 법을 접목할 수 있는 토양을 만들어 주신 부모님, '선생님들을 위한 Q&A 책'이라는 씨앗을 심어주시고 풍성한 열매가 열릴 거라고 용기를 북돋아 주신 이성숙 장학사님, 초보 작가가 갈급할 때 생명수를 부어주며 끈기를 갖고 기다려주신 테크빌교육 출판 관계자분들, 마지막으로 책이라는 잘 익은 열매를 딸 수 있게 기꺼이 사다리가 되어 준 나의 반쪽 정현에게 감사함을 전합니다.

2020년 9월, 구슬

들어가는 글

　학교 현장은 법적 분쟁의 장이 된 지 오래되었습니다. 교사와 학부모, 학부모와 학부모, 교사와 교사의 갈등은 결국 여러 가지 형태의 소송전으로 이어지곤 합니다. 아이러니하게도 이러한 분쟁으로 인하여 교육청에 학교폭력 전담 변호사로 근무하게 되었습니다. 법률상담을 하면서 많은 선생님이 법과 관련하여 민감해하고 또한 두려워하고 있다는 걸 알게 되었습니다. 그런 교사분들에게 절차를 설명해드리며 차분히 대응하시면 되고 이것도 문제 해결의 한 과정일 뿐이라고 말씀드립니다. 하지만 모르는 것에 대한 막연한 두려움 때문인지 상담 내내 확인하고 또 확인하며 사소한 부분까지 법적 근거를 알려달라 하시곤 합니다.

　충분히 이해합니다. 생각보다 보아야 할 법도 많고 정작 법률도 친절하게 되어 있는 편이 아니라서 선뜻 무슨 내용인지 이해하기 어려운 경우도 많으며, 적용해야 할 특별법도 이곳저곳에 있어 어디서부터 시작하고 어디에 있는지 알 수 없는 경우가 다반사이기 때문입니다. 그렇다고 이러한 고민을 누군가와 공유하기도 힘듭니다. 특히 법과 관련된 문제는 더욱 그렇습니다. 그러나 알면 알수록 힘이 되고 생각보다 별것 아닌 경우도 많아서 학교현장에서 발생하는 여러 법률문제를 정확히 알고 대응하자는 취지로 이 책을 집필하게 되었습니다.

지금 각종 법률 문제로 어려움을 겪는 선생님들께 이 책이 모든 상황에 대한 답을 다 알려주지는 못하더라도, 큰 얼개에서 관련 법을 이해하고 문제를 해결할 수 있도록 돕는다면 더할 나위 없이 감사한 일일 것 같습니다.

2020년 9월, 김동현

차례

Part 1 / 교권편: 교육활동 침해의 모든 것

Chapter 1 | 사례로 보는 교육활동 침해

Chapter 2 ┃ 교육활동 침해 그 후, 교사와 침해자에 대한 조치

Chapter 3 ┃ 선생님의 권리, 여기에서도 지켜드립니다

Part 2 / 학교폭력편: 학교폭력의 시작과 끝

Chapter 1 | 학교폭력이란 무엇인가?

Chapter 2 | 학교폭력의 사안 인지부터 조치 결정까지

Chapter 3 | 학교폭력 조치 결정 이후

Part
01

교권편 :
교육활동 침해의 모든 것

Chapter 1

사례로 보는
교육활동 침해

· Q1 ·

교육활동 침해의 정의

수업 내내 자는 학생,
교권침해 아닌가요?

교사　수업에 들어가면 항상 자는 학생이 있습니다. 몇 번 깨워도 보았지만 듣는 척도 하지 않고 계속 엎드려서 잡니다. 그 학생을 볼 때마다 말하려던 내용을 잊어버리게 되고 그 학생 주변에 있는 학생들도 전염병에 걸린 것처럼 잠이 드는 것 같습니다. 수업 내내 자는 학생, 교권침해 사안으로 접수할 수 있나요?

변호사　교육활동 침해로 보기 어렵습니다.

> 🛡 **관련법** 교원지위법 제15조, 교육활동 침해행위 고시 제2조, 교육공무원법 제43조, 학교안전사고 예방 및 보상에 관한 법률 제2조, 동법 시행령 제2조

수업 내내 자는 행위를
교육활동 침해로 보기 어려운 이유를 알아볼까요?

　수업시간에 엎드려 자는 학생은 언제나 있죠. 예전엔 잠과 싸워 이기려 꾸벅꾸벅 졸다가 도저히 안 되겠으면 몰래 책을 세워 놓고 숨어서 잤던 반면, 요즘 학생들은 보란 듯 엎드려 자는 것이 다르다면 다르달까요. 교단에 서서 수업을 하다 엎드려 자는 학생이 보이면 내 수업이 그렇게 지루한가, 필요 없는 내용인가, 이미 다 아는 걸까…. 별별 생각이 다 나게 됩니다. 자는 학생을 깨울까 말까 고민하다 하려던 말을 까먹기도 하고, 자는 학생을 깨우다가 수업의 맥이 끊기기도 하는데 수업시간 내내 자는 학생, 교권을 침해하고 있는 것일까요?

　이 질문에 답하기 위해서는 일단 교권침해와 교육활동 침해의 차이에 대하여 짚고 넘어가야 할 것 같습니다. 교육현장에서는 교권침해와 교육활동 침해라는 단어를 혼용하고 있는데요, 쉽게는 교권침해가 교육활동 침해보다 넓은 개념이라고 생각하시면 될 것 같습니다.

　'교권'은 일반적으로 교원의 권리와 권위를 포괄하는 개념으로 인식

되지만, 그 정의는 학자마다 다릅니다. 보통은 교원의 교권에 학생을 교육할 권리, 전문직 종사자로서의 권리, 인간으로서의 기본권이 포함된다고 정의합니다. 교육 관련 법령에서도 교권을 정의하고 있지 않고, 법원도 교권에 대하여 아직 판단한 적이 없습니다. 일반적으로는 교원의 권리가 침해되거나 교원의 권위가 실추되었을 때 포괄적으로 '교권침해'가 일어났다고 말합니다. 학교에서 발생한 교사의 권리를 침해하는 모든 사안에 대해 선생님들이 교권침해라고 주장하시는 이유기도 합니다. 그러나 위와 같은 경우 교사가 언제나 법적으로 보호받을 수 있는 건 아닙니다.

한편, 법적으로 보호를 받을 수 있는 침해, 즉 「교원의 지위향상 및 교육활동 보호를 위한 특별법」을 근거로 보호하고 있는 침해를 '교육활동 침해'라고 합니다. 왜 법령은 교권침해가 아닌 교육활동 침해에 대하여 규정할까요. 교원지위법 개정 당시, 교권은 권익 주체인 교원에게는 능동적인 개념이지만 교육의 다른 주체인 학생·학부모에게는 피동적인 개념으로, 법령을 통한 교권의 확대 및 보장이 교권의 남용으로 이어질 수 있다는 우려 및 반대 의견 또한 존재했습니다. 하지만 교원의 교육활동 침해는 교원의 권리를 침해하는 동시에 수업을 받는 학생의 교육활동, 나아가 학생의 교육권 역시 침해하는 상호 능동적인 개념으로 교사, 학생의 교육활동은 모두 보호해야 하는 것에는 이견이 없었습니다. 그래서 「교원지위법」은 교육활동을 보호하기 위하여 교사의 교육활동을 방해하는 특정 유형의 위법적 행위를 '교육활동 침해행위'로 규정하게 된 것입니다.

> **교원지위법 제15조 제1항**
> … 학교의 장은 소속학교의 학생 또는 그 보호자 등이 교육활동 중인 교원에 대하여 다음 각호의 어느 하나에 해당하는 행위(이하 "교육활동 침해행위") …

그럼 「교원지위법」이 규정하고 있는 교육활동 침해행위에 대해서 알아볼까요? 「교원지위법」 제15조는 '교육활동 침해행위'에 대하여 규정하고 있습니다. 일단 교육활동 침해를 하는 침해행위자는 "소속 학교의 학생 또는 그 보호자 등"으로 한정됩니다. 만약, 다른 학교 학생이 축제 등의 이유로 우리 학교를 방문하여 교사에게 모욕을 하는 경우, 위 학생은 소속학교 학생이 아니므로 교육활동 침해행위를 하였다고 규율할 수 없겠지요. 또 동료교사나 관리자에 의한 교육활동 침해를 주장하는 경우도 있습니다만 업무분장, 관리자의 복무관리 또는 행정사항에 대한 지시 등은 교육활동과 관련되어 있다고 보기 어렵기 때문에 교육활동 침해로 분류할 수 없습니다. 물론 교사가 수업 중에 옆 반 교사가 교실 문을 벌컥 열고 들어와 반 학생들이 모두 듣는 가운데 욕설을 했다면, 교육활동 중 발생한 모욕에 해당하므로 옆 반 교사를 침해행위자로 한 교육활동 침해에 해당합니다.

그렇다면 "교육활동 중"은 언제를 의미할까요? 퇴근 중인 교사를 쫓아가 학교 밖에서 몰래 불법촬영을 한 학생의 경우 교육활동 침해행위로 의율擬律할 수 있을까요? 「교원지위법」은 명시적으로 '교육활동'에 대하여 정의하지 않고 있지만 「학교안전사고 예방 및 보상에 관한 법률」에서는 학교의 교육과정 또는 학교장이 정하는 교육계획 및 교육방침에 따라 학교의 안팎에서 학교장의 관리·감독하에 행해지는 수업·특별활동·재량활동·과외활동·수련활동·수학여행 등 현장체험활동 또는 체육대회 등의 활동, 등·하교, 학교장이 인정하는 각종 행사 또는 대회 등에 참가하여 행하는 활동 등을 교육활동으로 정의하고 있습니다.

앞의 질문으로 돌아가, 「교원지위법」의 취지는 교원의 교육활동을 보호하는 것에 있지 교원의 신분 자체를 보장하는 것이 아니므로 교사가 퇴근 중일 경우 이를 교육활동 중이라고 보기엔 어려워 「교원지위법」상 교육활동 침해행위로 볼 수 없습니다. 물론 학생이 교사에 대하여 위법적인 행동을 하였으므로 이는 민·형사상 일반 절차에 따라 해결하거나, 학교 선도위원회에 회부하는 등의 방법을 따를 수 있겠죠.

교육활동 침해행위의 구체적인 행위 유형은 뒤에 이어지는 여러 사례를 통하여 살펴보도록 하겠습니다.

지시불이행

교무실로 오라는 지시를
따르지 않아요

 교사   수업에 들어가면 항상 자고 있는 그 학생, 교육활동 침해가 아니라고 하여 다른 친구들이 없는 독립된 장소에서 단둘이 이야기를 하며 생활지도를 해볼 마음으로 쉬는 시간에 교무실로 오라고 하였습니다. 그러나 이 학생, 오지를 않습니다. 마침 교무실에 온 반장을 시켜 교무실로 오라고 전해달라고 했고 반장이 전했다는데도 전혀 반응이 없습니다. 교무실로 오라는 지시를 따르기는커녕 아무 반응이 없는 이 학생, 교육활동 침해 맞죠?

변호사   교육활동 침해로 보기 어렵습니다.

🟫 **관련법** 교원지위법 제15조, 교육활동 침해행위 고시 제2조, 교육공무원법 제43조

선생님의 말을 듣지 않는 학생,
교육활동을 침해하고 있는 건가요?

선생님, 수업시간에 계속 자던 그 학생과 대화를 나눠보고 싶으셨군
요. 도대체 왜 수업시간마다 자는지, 다른 수업시간에도 자는지, 혹시
밤새 알바하느라 학교에선 자는 게 아닌지 학생의 사정을 알고 도움 줄
것은 없는지 살펴보고 싶으셨던 그 마음 이해합니다. 그러나 야속하게
도 학생은 교무실로 오라는 말도 듣지 않고, 재차 반장을 통해 오라고
전달하였음에도 전혀 반응이 없는 상황이네요. 명백하게 선생님의 지
시를 따르지 않는 이 학생, 교육활동 침해일까요?

앞에서 잠깐 살펴보았지만 「교원지위법」과 교육부의 「교육활동 침
해행위 고시」는 교육활동 침해유형에 대하여 7가지 유형을 정하여 세
세하게 규정하고 있습니다. 이 7가지 유형은 다시 형사상 범죄가 되는
유형과 형사상 범죄가 아닌 유형으로 나눌 수 있습니다. 형사상 범죄가
되는 유형에는 폭행ㆍ상해, 협박, 명예훼손, 모욕, 손괴, 성범죄, 불법정
보유통행위, 공무집행방해ㆍ업무방해가 있습니다. 형사상 범죄가 아닌

유형에는 성희롱, 교원의 정당한 교육활동에 대해 반복적으로 부당하게 간섭하는 행위, 그 밖에 학교장이 교육공무원법 제43조 제1항에 위반한다고 판단하는 행위가 있습니다.

범죄 성부에 따른 교육활동 침해행위 유형	
형사상 범죄가 되는 유형	**형사상 범죄가 아닌 유형**
상해 · 폭행죄(「형법」 제25장)	교육활동 중인 교원에게 성적 언동 등으로 성적 굴욕감 또는 혐오감을 느끼게 하는 행위(성희롱)
협박죄(「형법」 제30장)	
명예에 관한 죄(「형법」 제33장)	
손괴의 죄(「형법」 제42장)	교원의 정당한 교육활동에 반복적으로 부당하게 간섭하는 행위
성폭력범죄(「성폭력범죄의 처벌 등에 관한 특례법」 제2조)	
불법정보유통(「정보통신망 이용촉진 및 정보보호등에 관한 법률」 제44조의7제1항)	그 밖에 학교장이 「교육공무원법」 제43조 제1항에 위반한다고 판단하는 행위
공무방해에 관한 죄, 업무방해(「형법」 제8장, 제34장 314조)	

선생님의 말을 듣지 않는 학생의 행동이 형사상 범죄에 해당하지 않는 것은 다 이해하시리라 생각합니다. 그렇다면 형사상 범죄가 아닌 교육활동 침해 유형에는 해당하는지 살펴보죠. 선생님의 지시를 듣지 않는 행위는 성희롱이 아닌 것은 명백합니다. 그럼 학생의 지시 불이행이 교원의 정당한 교육활동에 반복적으로 부당하게 간섭하는 행위에 해당될까요? '간섭'의 사전적 의미는 "직접 관계가 없는 남의 일에 부당하

게 참견함"으로 되어 있습니다. 행위자의 적극적인 태도, 즉 작위여야 간섭이 된다고 할 수 있습니다. 반면, 지시불이행은 학생의 부작위가 문제되는 것이므로 이 유형에도 해당되기 어려워 보입니다.

그렇다면, 범죄가 되지 않는 유형 중 마지막 유형인 학교장이 교육공무원법 제43조 제1항, "교권은 존중되어야 하며, 교원은 그 전문적 지위나 신분에 영향을 미치는 부당한 간섭을 받지 아니한다"에 위반된다고 판단하는 행위에 속할 수 있는지를 따져봐야 하겠네요. 이 유형은 구체화된 6가지 유형을 보충하는 유형으로 교육활동 침해행위 판단의 최후의 보루로 볼 수 있습니다. 각 학교의 사정에 맞게 학교장이 개별 사례를 판단할 수 있다는 점에서 필요하지만, 반대로 당사자 사이에 논란이 발생할 수 있는 가능성이 잠재되어 있다고 볼 수 있습니다. 따라서 학교규칙 등에서 학교장 판단 유형에 관한 기준을 만들어 둔다면 이 행위가 교육활동 침해인지를 따지는 당사자 사이의 갈등을 감소시킬 수 있을 것입니다.

학생이 교사의 지시를 따르지 않는 단순 지시불이행의 경우 교사가 교육전문가로서의 역량을 발휘하여 생활지도를 통해 해결하는 것이 바람직하고, 장기간 혹은 반복적으로 교사의 지시를 무시하여 교권을 경시하였다면 이는 학교장이 판단하는 교육활동 침해에 해당할 수도 있습니다.

욕설 등 폭언

학생이 교실 문을 닫고 나가면서
큰 소리로 욕을 했어요

 교사 수업 중 한 학생이 휴대전화 게임을 해서 주의를 주었습니다. 그러나 그 학생은 주의를 듣는 둥 마는 둥 하고 계속 게임에 몰두했습니다. 못 본 척할 수도 있었지만 주의를 주었음에도 계속 게임을 하게 두는 것은 다른 학생들에게도 교사의 권위가 무너지는 일이 될 수 있을 것 같아 그 학생에게 가서 계속 게임을 하니 휴대전화를 달라고 했습니다. 그러자 그 학생이 벌떡 일어나 저를 째려보더니 "씨발, 나가서 하면 될 거 아니야!"라고 소리치고 교실을 뛰쳐나갔습니다. 교실에서 학생에게 욕먹은 저, 당연히 교권침해 피해 교사죠?

 변호사 교육활동 침해로 보기 어렵습니다.

🔖 **관련법** 교원지위법 제15조, 형법 제311조

욱하고 욕하는 학생,
마음먹고 욕하는 학생

수업 중 하면 안 되는 휴대전화를 달라고 했을 뿐인데 갑자기 욕을 하는 학생, 얼마나 놀라셨겠어요. 순간적으로 당황하고 다른 학생들 보기도 민망하셨을 것 같습니다. 욕설에 이어 반말까지, 게다가 수업 중 허락 없이 뛰쳐나가는 불손한 행동이 교육활동 침해가 아니라니 분한 마음이 드는 것 이해합니다.

형법 제311조는 공연히 사람을 모욕한 자는 1년 이하의 징역이나 금고 또는 200만 원 이하의 벌금에 처한다고 규정하고, 대법원은 모욕이란, 사실을 적시하지 아니하고 사람의 사회적 평가를 저하시킬 만한 추상적 판단이나 경멸적 감정을 표현하는 것이라고 설명합니다.

여기서 '공연히'라는 것은 불특정 또는 다수가 인식하고 전파될 가능성이 있는 상태를 말합니다. 이 개념은 명예훼손과도 관계가 있으니 잘 기억해주세요. 교실에는 욕을 한 학생과 선생님 외에 다른 학생들도 있었으므로 공연성이라는 요건은 충족한다고 보입니다.

여기서 잠깐, 2013년 문화체육관광부가 전국의 만 15세 이상 남녀 1,000명을 대상으로 실시한 언어생활에 대한 전화면접조사[1]를 살펴보겠습니다. 청소년 응답자 중 4퍼센트만이 욕설과 비속어를 전혀 사용하지 않는다고 응답하였습니다. 또 비속어를 사용하는 청소년은 이를 또래 간 친근감의 표현으로, 또 짜증이 나거나 화가 나는 감정을 표현하기 위해 사용한다고 하였네요.

즉 대다수 학생이 일상적으로 감정표현, 감정 해소의 수단으로 욕을 사용한다는 것을 알 수 있습니다. 이는 도덕적으로 올바른 것이라고 볼 순 없지만, 감정의 배출인 욕설과 상대방의 사회적 평가를 저하시키는 추상적 판단이나 경멸적 감정을 담은 욕설을 구분해서 판단할 필요는 있을 것 같습니다.

대법원 역시 "언어는 인간의 가장 기본적인 표현 수단이고 사람마다 언어습관이 다를 수 있으므로 그 표현이 다소 무례하고 저속하다는 이유로 모두 형법상 모욕죄로 처벌할 수는 없다"며 택시기사와 시비가 벌어져 신고를 했는데 늦게 도착한 경찰에게 "아이, 씨발"이라고 말한 택시 승객에게 무죄 취지로 파기환송을 선고하였습니다(대법원 2015. 12. 24., 선고 2015도6622판결 참조).

다시 질문으로 돌아가 학생의 '씨발'이라는 욕설이 선생님의 사회적 평가를 저하시킬 만한 추상적 판단이나 경멸적 감정을 표현한 것일까

---

1 문화체육관광부, '국민의 언어생활'에 관한 조사, 2013.

요? 상황을 살펴보면 학생은 휴대전화를 달라는 선생님의 말에 순간적으로 화가 난 것으로 보입니다. 그 화를 이기지 못하고 뛰쳐나간 것 같네요. 학생이 화를 표현하는 양상이 무례하였지만 이를 형법상 모욕죄로 처벌하기는 어렵다는 것이 판례의 태도인 것 같습니다.

물론 선생님을 지칭해 "돼지같이 생긴 게" 등의 신체비하적 표현을 한다든지, "××놈(년)", "○○새끼" 등 마음먹고 경멸적 표현을 하는 경우에는 충분히 모욕이 될 수 있습니다. 더 나아가 교실에서 다른 학생들이 모두 보고 있는데 선생님의 바로 옆으로 다가와 주먹을 쥐고 눈을 부릅뜨는 행동을 했다면 이 역시 모욕죄가 성립할 수 있습니다(서울중앙지법 2015노1448판결 참조).

학생 또는 학부모와 전화로 통화하다가 욕설을 듣게 된 경우는 어떨까요? 이 경우 앞에서 설명한 '공연성' 요건이 충족되지 않아 모욕죄가 성립되지 않습니다. 학급 공용 SNS나 게시판에 교사에 대한 사회적 평가를 저하시키는 표현을 적시한 경우에는 다수가 볼 수 있고 전파가능성이 있으므로 공연성이 인정되어 모욕죄가 성립할 수 있습니다.

여기까지 오는 동안 여러분의 머릿속을 스치는 상황이 있을 것 같습니다. 스마트폰을 사용하는 거의 모든 사람이 사용 중인 카카오톡 메신저, 또는 학생들이 특히 많이 사용하는 페이스북 메신저에서 교사를 험담한 경우에도 모욕죄가 적용될 수 있을까 하는 의문일 텐데요. 첫 번째, 다수의 학생이 있는 단톡방에서 선생님에 대한 욕설이 오고 간 경우를 먼저 생각해보겠습니다. 공개되지 않은 사적인 대화라고 하더라도 카톡방 구성원 모두가 외부에 절대 발설할 가능성이 확신적으로 인정되지 않는 이상 전파가능성은 인정됩니다. 따라서 충분히 모욕죄가 성립할 수 있습니다.

두 번째, 학생 단둘이 있는 카톡방에서 선생님에 대한 욕설이 오고간 경우는 어떨까요? 친구 둘이 있는 카톡방이라 하더라도 가족이 아닌 이상 한 친구의 이야기에 대해 다른 친구가 타인에게 이야기할 가능성을 법원이 인정하고 있으므로 모욕죄가 성립할 수 있습니다. 친구끼리 카톡방을 통해 이야기할 때는 조심해야겠죠? 여럿이서 나눈 이야기도, 둘이서 한 이야기도 캡처가 되는 순간 증거로 사용될 수 있습니다.

모욕죄는 모욕을 당하는 사람의 주관적인 느낌보다는 사회적 통념이라는 판단 기준이 적용되므로 개별 사안마다 구체적 사실관계에 따라 그 결론이 달라질 수 있음에 유의해야 합니다.

불법촬영 및 유포

학생이 몰래 저를
동영상으로 촬영했습니다

교사 수업을 끝내고 교무실로 올라가던 중 뒤통수가 따가워 뒤를 봤더니 방금 나온 반 학생이 황급히 전화를 받는 척하고 있었습니다. 그 자리에서 휴대전화를 확인하였더니 저를 포함하여 여러 여자선생님을 몰래 찍은 동영상이 있었습니다. 출근하는 전신 앞모습, 수업하는 얼굴, 계단을 올라가는 전신 모습, 학생들과 이야기를 나누는 모습 등이었습니다. 허락 없이 몰래 촬영한 이 학생, 교육활동 침해 맞죠?

변호사 교육활동 침해로 보기 어렵습니다.

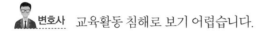 **관련법** 교원지위법 제15조, 성폭력범죄의 처벌등에 관한 특례법 제2조, 제14조

동의 없는 몰래 촬영,
모두 불법 아닌가요?

스마트폰이 보급되면서 삶의 많은 부분이 편리해졌습니다. 많은 기능이 하나의 기계로 합쳐지면서 일상생활에서 카메라를 따로 쓰기보다 스마트폰으로 촬영하는 일이 많아졌습니다. 그러나 접근성 뛰어난 이 문명의 이기利器는 말썽을 일으키기도 하는데요, 그중 하나가 바로 불법촬영입니다.

불법촬영은 뭘까요? 몰카, 도촬이라는 용어가 더 익숙하게 느껴질 수도 있으실 겁니다. 정부는 2017년 "몰카는 이벤트나 장난 등 유희적 의미가 있어 범죄의 심각성을 느끼기에 부족하다"며 사회적 경각심을 키우기 위하여 '불법촬영'이라는 표현으로 공식 변경하였습니다.

불법촬영은 학교에서도 예외가 아닙니다. 교탁에서 유인물을 배포하다 다리에 이상한 느낌이 들어 아래를 내려보니 재빨리 휴대전화를 치우는 학생을 발견한 선생님도 있고, 화장실 문 밑으로 휴대전화가 들어오는 걸 본 선생님도 있습니다.

형사처벌이 되는 불법촬영의 정확한 죄명은 "성폭력 범죄의 처벌 등에 관한 특례법 위반(카메라 등 이용 촬영)"입니다. 「성폭력 범죄의 처벌 등에 관한 특례법」은 "카메라나 그 밖에 이와 유사한 기능을 갖춘 기계장치를 이용하여 성적 욕망 또는 수치심을 유발할 수 있는 사람의 신체를 촬영대상자의 의사에 반하여 촬영한 자는 5년 이하의 징역 또는 3천만 원 이하의 벌금을 부과한다고 규정하고 있습니다. 대검찰청에 의하면 카메라 등 이용 촬영죄는 스마트폰 사용자의 증가만큼이나 기하급수적으로 늘어나 2017년에는 10년 전보다 10배 이상 증가한 6,615건을 기록했다고 합니다.

촬영대상자의 의사에 반하는 촬영을 한 것이 모두 형사처벌의 대상인 카메라 등 이용 촬영죄에 해당하는 것은 아닙니다. 촬영물이 "성적 욕망 또는 수치심을 유발"할 수 있는지 여부를 따져봐야 합니다. 선생님의 일상적인 뒷모습, 옆모습이 찍힌 동영상이 "성적 욕망 또는 수치심을 유발할 수 있는 사람의 신체"를 찍은 촬영물에 해당할까요?

이에 대해 대법원은 "촬영한 부위가 '성적 욕망 또는 수치심을 유발할 수 있는 다른 사람의 신체'에 해당하는지는 객관적으로 피해자와 같은 성별, 연령대의 일반적이고 평균적인 사람들의 관점에서 성적 욕망 또는 수치심을 유발할 수 있는 신체에 해당되는지 여부를 고려함과 아울러, 피해자의 옷차림, 노출의 정도 등은 물론, 촬영자의 의도와 촬영에 이르게 된 경위, 촬영 장소와 촬영 각도 및 촬영 거리, 촬영된 원판의 이미지, 특정 신체 부위의 부각 여부 등을 종합적으로 고려하여 구체적

· 개별적 · 상대적으로 결정하여야 한다(대법원 2008. 9. 25. 선고 2008도 7007 판결 등 참조)"고 하고 있습니다.

즉 특정 신체 부위의 부각이 없이 특별한 각도나 특수한 방법을 사용하지 않고 사람의 시야에 통상적으로 비치는 부분을 그대로 촬영한 경우에는 성적 욕망 또는 수치심을 유발할 수 있는 사람의 신체를 촬영한 것으로 인정되지 않아 성폭력 범죄의 처벌 등에 관한 특례법 위반(카메라 등 이용 촬영)이 성립하지 않습니다.

최근 하급심에서 논란이 된, 레깅스를 입은 여성을 몰래 촬영한 사건 역시 레깅스 바지를 입고 있는 여성의 엉덩이를 포함한 하반신을 촬영한 피고인에 대하여 상반신부터 발끝까지 전체적인 피해자의 우측 후방 모습을 촬영하였는데 특별히 피해자의 엉덩이 부위를 확대하거나 부각시켜 촬영하지는 않았고, 레깅스가 과거의 스키니 진처럼 젊은 여성들 사이에서 운동복을 넘어 일상복으로 활용되고 피해자 역시 그 차림으로 대중교통에 탑승한 것을 무죄의 이유로 들었습니다(의정부지방법원 2019. 10. 24. 선고 2018노3606 판결 참조).

질문하신 선생님의 일상적인 모습을 찍은 동영상의 경우에도 위와 같은 이유로 카메라 등 이용촬영죄가 성립하지 않을 것으로 보입니다. 만약 성적 수치심을 느낄 수 있는 신체 부위에 대한 클로즈업이 있었다거나 촬영 앵글이 있었다거나 한다면 달라졌을 것입니다. 누누이 강조하듯 구체적 사실관계에 따라 결론은 달라질 수 있습니다.

결론적으로 동의 없는 몰래 촬영이 모두 불법촬영인 건 아닙니다. 현재 법규로는 촬영대상자의 동의 없는 촬영을 하였다는 이유만으로 형사처벌하는 것은 불가능합니다. 다만, 촬영물과 관련한 초상권 침해 등의 이유로 민사 소송을 청구할 수 있습니다.

🔍 TIP **찍은 사진을 SNS를 통해 유포한 경우는요?**

음란물유포죄의 경우 성폭력 범죄로 구분되지 않고 정보통신망보호법위반 혐의에 해당합니다. 정보통신망을 통하여 음란한 부호, 문언, 음향, 화상 또는 영상을 배포한 경우 1년 이하의 징역 또는 1천만 원 이하의 벌금형에 처할 수 있습니다. 단, 상대방 동의를 구하지 않고 찍은 불법촬영물을 동의 없이 유포한 경우에는 정보통신망법보다 성폭력특별법의 우선 적용을 받아 5년 이하의 징역 또는 3천만 원 이하의 벌금형으로 처벌이 가능합니다.

성범죄 · 성희롱

학생이 수업 중 자위를 한 사실을
알게 되었습니다

교사A 여느 수업과 다름없는 시간이었습니다. 열과 성을 다하여 수업하던 중 이상한 소리가 들렸습니다. 소리가 나는 방향을 보니, 맨 뒤에 앉은 남학생의 두 손이 책상 밑으로 내려가 있었고 주변 학생들은 키득거리고 있었습니다. 마침 종이 울려 교실을 나왔는데 한 학생이 따라 나와 "선생님, ○○이가 자위했대요"라고 말해주었습니다. 앞으로 그 교실에 어떻게 들어갈지 걱정입니다. 교육활동 침해 맞죠?

교사B 개념 설명을 끝내고 "질문 있는 사람 손들어 보세요"라고 하니 B학생이 손을 들고 "선생님 퇴근하고 뭐해요? 남친이랑 모텔가요?"라고 물었습니다. 순간 말문이 막혀 뭐라고 대꾸해야 할지 몰랐지만 생각할수록 나를 교사로 보는 게 아니고 만만한 여자로 생각하는구나 싶어 수치심이 듭니다. 이 학생의 발언, 교육활동 침해행위가 될까요?

변호사 둘 다 교육활동 침해로 볼 수 있습니다.

 관련법 교원지위법 제15조, 성폭력범죄의 처벌 등에 관한 특례법 제2조, 형법 제245조, 교육활동 침해행위 고시 제2조

성범죄와 성희롱,
무엇이 다를까요?

A 선생님, 수업시간에 학생의 행동을 눈치채지 못한 게 오히려 다행이라고 말씀드려야 할까요. 반장을 통해 그 이야기를 들으셨을 때 얼마나 당황하셨을지 짐작하기도 어렵습니다.

교육활동 침해행위 유형 중 성폭력범죄 행위에는 바로 앞 사례로 소개된 카메라 등 이용 촬영죄 외에도 공연음란죄가 있습니다. 공연음란죄는 공공연하게 음란한 행위를 하는 죄로, 앞서 설명한 '공연성'과 '음란한 행위' 요건이 충족될 경우 1년 이하의 징역, 500만 원 이하의 벌금, 구류 또는 과료에 처해질 수 있습니다.

'공연성'은 모욕죄에서 설명하였듯이 다수에게 인식될 수 있는 가능성을 말합니다. '음란한 행위'는 일반인의 성욕을 자극하여 성적 수치심을 일으키는 한편 사회의 성적 도덕관념에 반하는 행위로. 성기 노출이나 성행위 등을 예로 들 수 있습니다.

수업 중 다른 학생들 및 교사가 인식할 수 있는 장소인 교실 책상 밑에서 성기를 꺼내 자위를 한 것은 선생님이 그 상황을 인지하였는지 여부와 상관없이 공연음란죄를 넉넉히 적용할 수 있을 것 같습니다. 따라서 교육활동 중 성폭력 범죄를 저지른 학생은 자위 순간을 선생님이 목격하지 않았다 하더라도 교육활동 침해행위를 한 것으로 보입니다.

한편, 성희롱은 성범죄와는 구분하여 생각해야 합니다. 보통 성희롱이 성범죄에 포함된다고 생각하기 쉽지만, 예외적인 상황(「경범죄처벌법」상 신체의 과다노출로 다른 사람에게 부끄러움이나 불쾌감을 주는 행위)을 제외하고 성희롱을 처벌하는 규정은 없으므로 성희롱을 일반적인 성범죄와 같게 취급할 수는 없습니다.

따라서 교육활동 침해행위 유형에서도 성범죄와 별도로 "교육활동 중인 교원에게 성적 언동 등으로 성적 굴욕감 또는 혐오감을 느끼게 하는 행위"로 성희롱을 규정하고 있는 것입니다.

'성적 언동 등'이란 남녀 간의 육체적 관계나 남성 또는 여성의 신체적 특징과 관련된 육체적, 언어적, 시각적 행위로서 사회공동체의 건전한 상식과 관행에 비추어 볼 때 객관적으로 상대방과 같은 처지에 있는 일반적이고도 평균적인 사람에게 성적 굴욕감이나 혐오감을 느끼게 할 수 있는 행위를 말합니다(대법원 2008. 7. 10. 선고 2007두22498판결 참조).

성적 언동 중 육체적 행위는 동의 없이 신체를 접촉하여 성적 굴욕감이나 혐오감을 주는 경우를 말하는데 수업 중인 교사의 엉덩이를 의도적으로 슬쩍 스치고 지나가는 등의 행위가 이에 속할 수 있습니다. 성범죄에 해당하는 강제추행과 육체적 성희롱이 혼동될 수 있습니다. 사실 강제추행에는 폭행이나 협박이 수반되어야 합니다. 다만 여기에서 말하는 폭행은 반드시 상대방의 의사를 억압할 정도의 것이 아니어도 되며, 상대방의 의사에 반하는 힘의 행사가 있다면 그 힘의 크기를 따지지 않습니다(대법원 91도3182판결 참조).

언어적 행위에는 음란한 농담, 신체 특징을 성적으로 평가하거나 비유, 신체 접촉 강요 등 성적 수치심을 일으키는 말을 하는 경우를 말합니다. 교사에게 "선생님, 첫 경험이 언제예요?", "선생님 퇴근 후에 애인이랑 모텔가요?" 등의 발언으로 성적 수치심을 주는 경우를 들 수 있습니다.

시각적 행위에는 시각적으로 성적 수치심을 일으킬 수 있는 그림이나 문자를 형상화하거나 보여주는 경우를 말하는데 교사의 특정 신체 부위를 지속적으로 바라본다든가, 교탁에 야한 사진을 올려둔다든가 하는 행위가 그 예입니다. 위의 경우 모두 교육활동 침해행위이므로 선생님은 즉각적인 보호조치를 학교에 요구할 수 있습니다.

따라서 B 선생님 역시 수업내용과 전혀 관계없는 학생의 질문으로 성적 수치심을 느끼셨다면 B 학생의 행위는 충분히 성희롱으로 인한 교육활동 침해행위에 해당한다고 볼 수 있습니다.

침해학생에 대한 조치를 결정할 때 성범죄는 최초 발생한 교육활동 침해행위로, 즉 단 1회의 침해행위만으로도 강제전학 또는 퇴학 처분을 할 수 있지만 성희롱은 그렇지 않으므로 구별할 필요가 있습니다. A 선생님의 경우 침해학생은 이 사건이 첫 번째 교육활동 침해 사건이라 하더라도 학교교권보호위원회에서 강제전학 또는 퇴학 조치 결정이 가능하지만, B 선생님의 경우 침해학생은 학교교권보호위원회에서 학교봉사, 사회봉사, 교내외 전문가에 의한 특별교육 또는 심리치료, 출석정지, 학급교체 중 한 가지 조치를 해야 합니다.

· Q6 ·

명예훼손

학생이 SNS에 저를
'뇌물 받는 교사'라고 게시했습니다

교사 반 학생들의 페이스북을 보던 중 한 학생이 "담임이 세모 엄마한테 돈 받고 세모 수행평가 만점 줌"이라는 글을 전체공개로 게시한 것을 발견했습니다. 전 세모 엄마를 만난 적도, 세모는 수행평가를 만점을 받지도 않았습니다. 그 게시글에는 댓글로 "역시, 세모 평소에도 예뻐하더니", "세모엄마 치맛바람 옛날부터 유명", "그지같이 생겨서 하는 짓도 그지같네" 등 저 내용을 사실로 믿는 듯한 다른 학생들의 댓글이 줄줄이 달려 있었습니다. 거짓말을 한 이 학생, 교육활동 침해 맞죠?

변호사 교육활동 침해로 볼 수 있습니다.

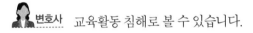 **관련법** 교원지위법 제15조, 정보통신망 이용촉진 및 정보보호 등에 관한 법률 제 44조의7

거짓말,
교육활동 침해일까요?

학생과 함께 생활하다 보면 아이들이 뻔한 거짓말을 할 때가 있죠. 알면서도 넘어가는 경우도 많으실 거예요. 학생들이 그 순간을 모면하기 위해 즉흥적이고 단순한 거짓말을 할 때 눈감아 주시거나 나중에 불러 타이르곤 하실 겁니다. 학생들의 이런 거짓말은 교육과 선도의 대상이지 처벌의 대상은 아니라고 생각합니다.

거짓말 자체를 처벌하는 법은 없습니다. 일상생활에서도 흔히들 거짓말하는 사람에게 "사기치지 마!"라고 하는데요, 사기죄는 타인을 기망하여 재산상의 이득을 취해야 성립하는 것으로 단순히 거짓말만 했다고 해서 사기죄로 의율되는 것은 아닙니다.

하지만 거짓말로 인해 나의 명예가 훼손되었다면 이야기가 달라집니다. 거짓 사실을 적시하여 사람의 사회적 평가를 저하시키는 행위를 한 경우에는 명예훼손죄로 처벌받을 수 있습니다.

명예훼손에는 사실 적시에 의한 명예훼손과 허위사실 적시에 의한 명예훼손이 있습니다. 또 사이버상에서 사실 적시나 허위사실 적시를 하여 명예훼손 한 경우 내용이 퍼지는 속도가 빠르고 그 범위가 넓으므로 피해가 훨씬 큰 것을 고려하여 더 엄격하게 처벌하고 있습니다. 따라서 아래 표와 같이 가장 무겁게 처벌받는 것은 사이버상 허위사실 적시에 의한 명예훼손입니다.

사실 · 허위사실 적시에 따른 명예훼손 형량

	사실 적시	허위사실 적시
일반 명예훼손	2년 이하 징역이나 금고 또는 500만 원 이하의 벌금	5년 이하 징역이나 10년 이하의 자격정지 또는 1000만 원 이하의 벌금
사이버상 명예훼손	3년 이하의 징역 또는 3000만 원 이하의 벌금	7년 이하의 징역이나 10년 이하의 자격정지 또는 5000만 원 이하의 벌금

질문처럼 모두가 볼 수 있는 페이스북 계정에 선생님이 촌지를 받아 점수를 잘 줬다는 학생의 게시글은 질문하신 선생님의 사회적 평가를 저하하기 충분한 허위사실이며, 위 내용을 사실로 믿을 만한 근거가 없는 한, 이를 게시한 행위는 선생님을 비방하기 위한 목적이 인정될 수 있습니다.

따라서 누구나 볼 수 있는 SNS 계정에 거짓말을 한 경우에는 사이버상 허위사실 적시에 의한 명예훼손이 성립될 수 있습니다. 이는 정보통신망 이용촉진 및 정보보호에 관한 법률 위반인 불법정보 유통행위이며 교육활동 침해행위에 해당합니다.

학생들이 교육활동 중 숙제를 안 했으면서 했다고 하거나, 수업시간에 휴대전화로 게임을 했으면서 한 적 없다고 하는 단순한 거짓말의 경우 학생 지도사항 내지 선도사항으로 분류되는 것이 타당하겠지만, 이를 넘어서 교사의 명예를 훼손하는 허위사실을 유포하는 경우에는 교육활동 침해로 판단되어 학교교권보호위원회가 개최될 수 있으며 이에 따른 조치를 받을 수 있을 것입니다.

한편 학생이나 학부모의 발언에 대하여 모욕 및 명예훼손이라 주장하는 선생님이 많습니다. 둘은 비슷한 것 같지만 좀 다릅니다. 모욕과 명예훼손의 가장 큰 차이는 구체적인 사실 적시 여부입니다. 모욕은 구체적인 사실 적시 없이 추상적인 평가나 경멸적 감정을 표현한 경우로 조롱이나 욕설이 해당됩니다. 위 사례에서 댓글인 "그지같이 생겨서"라는 발언은 모욕에 해당할 수 있겠죠.

·Q7·

휴대전화 예절

학부모가 매일
밤늦도록 카톡을 보내요

 교사　퇴근 후 한숨 돌리고 있는데 울리는 '카톡!' 소리. 벌써 며칠째인지 모르겠습니다. "선생님 오늘 △△이가 점심을 잘 먹었나요? 싫어하는 반찬이 나왔던데 억지로 먹이신 건 아니죠?", "선생님 오늘 △△이가 ㅁㅁ이와 싸웠던데요, 우리 △△이는 잘못이 없는데 왜 혼내셨나요?", "선생님 지난 수행평가에서 채점을 그렇게 하시면 되나요?", "선생님 카카오톡 프로필 사진이 교육자답지 못하네요. 바꾸시는 게 어때요?", "선생님 왜 어제 보낸 카카오톡에 답장이 없으신가요? 학부모와의 소통을 거부하시는 거예요?" 학생의 학교생활은 물론 저의 사생활까지 언급하며 매일 카카오톡을 보내는 어머니, 교육활동 침해 아닌가요?

변호사　경우에 따라 교육활동 침해로 판단될 수 있습니다.

> 🗳 **관련법** 교원지위법 제15조, 교육활동 침해행위 고시 제2조, 교육공무원법 제43조

선생님을 가둔 학부모의 카톡 감옥,
탈출할 수 있을까요?

사회인으로서의 시간이 끝나면 비로소 찾아오는 자연인으로서의 꿀 같은 시간, 편한 옷을 입고 즐겨보는 TV 프로그램을 보거나, 라운지 음악을 틀어두고 좋아하는 작가의 신간을 읽거나, 가볍게 맥주 한잔하며 배우자와 일과를 소소하게 나누는 그 시간은 절대 양보하고 싶지 않은 순간입니다. 매일매일 반복되는 일상을 버티는 것은 자연인으로 돌아가 집에서 충분히 휴식하고 충전하는 시간을 보내기 때문은 아닐까요?

이제는 '워라밸(Work-Life Balance, 일과 삶의 밸런스)'의 시대를 지나 '워라하(Work-Life Harmony, 일과 삶의 하모니)'[2] 시대에 진입할 것이라는 주장도 등장하고 있지요. 워라하 시대에는 가정에서 진정 행복을 누리고 그 행복한 에너지가 충만한 상태로 출근하여 직장에서 즐겁게 일

---

2 아마존의 CEO 제프 베조스는 "워크라이프 밸런스, 즉 균형을 맞추려고 하는 것은 둘 중 하나를 추구하면 한쪽은 희생해야 한다는 것이다. 일과 사생활을 시소게임으로 봐서는 안 된다. 워크라이프 하모니(Work-Life Harmony), 즉 일과 삶이 조화를 이뤄야 한다."라고 말합니다.

한 후 역시 건강한 에너지를 갖고 집으로 돌아가는, 즉 일과 삶이 시너지를 낸다고 합니다.

'교사는 일찍 퇴근하니 저녁이 있는 삶을 누리는 거 아니에요? 혹은 교사만큼 워라밸이 좋은 직업이 어디 있나요?'라고들 하지만 과연 그럴까요?

교사 96.4%가 개인의 휴대전화 번호를 공개한 적이 있고, 공개한 연락처를 통해 학생·학부모에게 전화 또는 문자, SNS 등의 메시지를 받은 적이 있는 교사는 95.8%였습니다. 그중 64.2%는 근무시간 구분 없이 수시로 연락을, 21.4%는 주로 평일 퇴근 후에 받았고, 주말·공휴일에 연락을 받은 비율은 3.2%였습니다[3].

거의 모든 교사가 개인 휴대전화를 비상연락망이 아닌 학생·학부모와의 일상적 연락 수단으로 사용하고 있다고 볼 수 있겠죠. 학기 초 비상연락망으로 교사 개인의 휴대전화 번호를 공개하는 것이 타당한 것인지 그렇지 않다면 대안이 무엇인지에 대한 논의가 이제 막 시작되었고, 미성년자인 학생을 가르치며 일정 시간, 일정 공간에서 보살피는 역할도 겸하는 교사가 학부모와 소통하는 적정한 방법이 무엇인지 고민해야 할 시점이 온 거죠.

이런 사회문화적 변화가 있음에도 몇몇 학부모는 자녀와 잠깐 대화해보면 알 수 있는 문제들을 수시로 교사에게 카카오톡으로 물어본다

---

3 2018 한국교원단체총연합회 설문조사(대상: 초·중·고등학교 교원 1,835명).

거나, 교사의 교육 및 평가와 관련하여 정당한 이의제기 과정을 무시하고 간섭을 한다든가, 교사의 카카오톡 프로필 사진까지 지적하며 그 사진을 내리라는 요구를 합니다.

학부모의 이런 요구에 어떻게 대응해야 할까요? 우선 학기 초에 학부모에게 교사와의 적정한 소통의 시간 및 방법을 안내하는 것이 필요합니다. 수업시간 중에는 바로 응답이 어렵기 때문에 급한 사안의 경우 메시지 등을 남기면 추후 회신을 드리겠다는 내용, 방과 후부터 퇴근 전 시간까지 업무용 전화로 통화가 가능함을, 학교에 방문하여 교사를 만나고자 할 때에는 먼저 시간과 장소를 정한 후 방문해주십사 하는 것들을 가정통신문 등으로 가정에 전달할 수 있겠죠.

그럼에도 불구하고 질문하신 선생님처럼 학부모가 매일 방과 후 사사건건 카카오톡을 보내면서 교사의 고유 업무인 교육활동 및 평가에 반복적으로 부당하게 간섭하는 경우에는 교육활동 침해행위가 성립한다고 볼 수 있습니다. 이 경우 '반복'에 해당하기 위하여 적어도 '어느 정도의 기간, 몇 회 이상 연락해야 한다'는 기준이 정해져 있는 것은 아니나, 일회성 내지 비연속적인 단발성 행위가 여러 차례 이루어진 것과는 달리 평가할 수 있는 행위여야 할 것입니다.

정보통신망 이용촉진 및 정보보호에 관한 법률 위반 물론 교육활동 침해가 되기 위해서는 '교육활동 중' 발생한 행위인지를 판단해보아야 하나 사례처럼 휴대전화와 같은 모바일 기기를 이용하여 사이버상에서 교육활동 침해를 하는 경우에는 교육활동 중에 발생하기가 극히 어려우므로, 침해행위의 특성을 고려하여 교육활동 침해행위로 인정해야 한다는 것이 개인적인 견해입니다.

· Q8 ·

녹음

학부모가 몰래 학생 가방에
녹음기를 설치했어요

 교사 우리 반에는 좀 더 세심하게 지도해야 하는 학생이 있습니다. 수업 중 학습자료를 스스로 해보는 시간에 그 학생이 집중하지 못하고 옆 짝꿍에게 자꾸 말을 걸어, 다가가서 학습자료를 해 보겠느냐고 권유하는데 학생 가방에 걸려있는 열쇠고리가 눈에 띄었습니다. 자세히 보니 'REC, PLAY' 버튼이 있는 녹음기였습니다. 학생에게 물어보니 "엄마가 가방에 걸어줬어요"라고 대답했습니다. 이미 오랜 기간 녹음을 한 것 같은데 제가 말한 내용 전부를 학부모가 듣고 있었다고 생각하니 소름이 돋습니다. 제 동의 없이 매일 이루어진 비밀 녹음, 교육활동 침해 아닌가요?

변호사 교육활동 침해로 보기 어렵습니다.

> 🛡️ **관련법** 교원지위법 제15조, 교육활동 침해행위 고시 제2조, 교육공무원법 제43조

동의 없는 녹음,
교육활동 침해일까요?

인터넷 쇼핑몰에서 녹음기를 검색해보면 열쇠고리형 녹음기, 단추형 녹음기 등이 초소형 사이즈에도 22시간의 녹음 시간을 자랑하며 비교적 저렴한 가격에 판매되고 있습니다. 심지어 '어린이집용 녹음기', '유치원용 녹음기'라는 이름으로 팔리고 있는 제품들도 있고요.

어린이집이나 특수학교, 혹은 영유아를 보살피는 시터 등 보호가 특별히 더 필요한 곳에서 발생한 아동학대 사건이 밝혀지는 것을 매스컴을 통해 보신 적 있으실 겁니다. 몇몇 사건에서는 녹음기가 사건 해결의 키 역할을 하기도 했죠. 이런 경우 피해 아동 혹은 학생들이 보호자에게 자신이 겪은 일을 전달할 능력이 충분치 않고, 또 현장 상황을 녹음한 직접적인 증거를 확보하고자 하는 이유로 녹음기를 사용했습니다.

물론, 아이의 말만으로 사건을 입증하는 것이 어려워 직접 증거를 확보하고자 녹음기를 보이지 않게 달아 학교에 보낸 학부모의 마음도 이해 못 하는 바는 아닙니다. 내 아이가 학교에서 어떻게 지내는지 알고 싶은 호기심이나 내 아이가 학교에서 괴롭힘을 당하거나 차별받는 건 아닐까 하는 의심에서 녹음기를 부착하여 보내는 학부모도 있습니다.

내가 말하는 모든 것을 타인이 나 몰래 듣고 있다고 생각하면 온몸에 소름이 돋는 느낌이 들 정도로 공포스러우며, 그런 경험이 있는 경우 자체적으로 검열 후 발언하느라 수업을 원활하게 진행하는 것에 어려움을 느끼는 분들도 있습니다. 헌법에 보장된 인격권에서 파생된 음성권의 침해 및 사생활의 비밀과 자유에 대한 부당한 침해, 구체적으로 통신 및 대화의 비밀을 보장하기 위하여 「통신비밀보호법」에서는 공개되지 않은 타인 간의 대화를 녹음 또는 청취하는 것을 금지하고 있습니다. 수업의 경우 이를 '공개된 대화'로 볼 수 있는지 여부로 통신비밀보호법위반인지 아닌지 다툴 수 있겠으나, 수업 중 발생한 학생들과의 대화의 경우 이를 공개된 대화로 볼 수 있다고 보기 어려우며, 이를 교실에 없던 학부모가 몰래 녹음할 경우 통신비밀보호법 위반의 책임을 물을 수 있다고 보입니다.

다만, 위와 같이 비밀 녹음으로 통신비밀보호법을 위반하는 행위는 교원지위법 법령에서 교육활동 침해행위로 정해지지 않았습니다. 따라서 교육활동 침해행위로 인정되려면 기타 유형에 해당하는지 학교장의 판단을 통하여야 합니다.

초등학교 고학년이나 중·고등학생이 스스로 휴대전화 등을 사용하여 녹음하는 경우에는 통신비밀보호법 위반의 책임을 물을 수 없습니다. 이 경우에도 교육활동 침해행위의 유형으로 특정되어 있지 않으므로 교사 동의 없는 녹음의 책임을 물어 학교장이 판단하는 경우로 교육활동 침해행위인지 여부를 가릴 수 있습니다.

통신비밀보호법 위반이 아닌 비밀녹음의 경우에도 음성권에 대한 부당한 침해로 민법상 불법행위를 구성한다는 하급심 판례[4]가 나오고 있습니다. 비밀녹음에 정당한 목적이나 이익을 인정할 수 없고 필요한 범위 내에서 이루어진 것이 아니라면 위법한 행위로 인정될 수 있습니다. 위 판례의 취지를 고려하면 광범위하고 무분별하게 이루어진 비밀녹음은 학교장이 판단하는 교육활동 침해행위에 해당될 수 있다고 생각합니다.

이러한 상황을 예방하기 위해 학교 차원에서 학기 초에 가정통신문 등을 통하여 수업 등을 교사의 동의 없이 녹취할 수 없다는 내용을 가정에 알릴 필요가 있습니다. 수업 내용 자체의 경우 배포할 경우 저작권 침해의 문제가 발생할 수 있고, 그렇지 않더라도 위에서 설명한 것과 같이 음성권 침해와 관련하여 민사상 분쟁이 발생할 수 있기 때문입니다.

---

4 서울중앙지방법원 2018나68478 판결.

· Q9 ·

파견교사

체험학생이 지속해서
성희롱 발언을 합니다

👤 **교사**　파견교사로 학생체험관에서 근무하고 있습니다. 학생들이 견학을 오면 1시간 동안 체험관을 돌며 수업을 진행합니다. 그날도 견학 온 중2 남학생들을 대상으로 열심히 수업 진행 중이었는데요, 한 학생이 계속 "앙 기모띠 야메떼 스고이!"를 외치는 것이었습니다. 수업에 방해가 되니 그만하라고 해도 멈추지 않았습니다. 이거 성희롱 맞죠? 교육활동 침해행위죠?

👤 **변호사**　성희롱은 맞지만, 교육활동 침해로 보기는 어렵습니다.

> 🏛 **관련법** 교원지위법 제15조, 교육활동 침해행위 고시 제2조, 교육공무원 임용령 제7조의3

파견교사와 체험학생, 교육활동 침해의
당사자가 될 수 있을까요?

학생이 계속 "앙 기모띠 야메떼 스고이!"를 외친 것은 어떤 문제가 될까요? 학생들이 교실에서 남발하고 있다는 이 "앙 기모띠"는 유명 BJ의 유행어로, 일본 음란물에서 자주 등장하는 "気持ち良い(기모찌 이이, 기분이 좋다)"라는 대사의 변형입니다. 뒤에 이어지는 "야메떼(止めて)"는 "그만해", "스고이(すごい)"는 "대단해"라는 뜻으로 역시 일본 음란물에 자주 등장하는 대사입니다. 일본에서는 일상생활에서도 빈번하게 쓰이는 일상 용어로 그 자체에 성적인 의미가 부여되어 있지는 않지만, 위 용어가 한국에서 쓰일 때는 어떨까요? 위 표현이 흔히 말하는 '섹드립'으로 사용되는 한국에서는 듣는 사람이 성적 수치심을 느꼈다면 언어적 성희롱에 해당된다고 볼 수 있습니다.

학생이 위 표현을 그저 다운된 분위기를 '업'시키려 한 거라고 하면 어떨까요? 성희롱의 경우 말한 사람의 의도나 동기보다는 피해자가 사회통념상 성적 굴욕감이나 혐오감을 느낄 만했는지를 기준으로 판단

합니다. 학생이 교사를 염두에 두고 한 말이 아니더라도 마찬가지입니다. 따라서 학생이 "앙 기모띠 야메떼 스고이!"를 체험학습 중 계속 언급하였다면 언어적 성희롱을 한 것으로 볼 수 있습니다.

그렇다면 학생의 성희롱이 교육활동 침해에 해당할까요?

파견교사는 교육기관·교육행정기관 및 교육연구기관 외의 기관 또는 단체에서 국가적 사업으로 교육·연구·학술진흥 등의 업무를 수행하기 위하여 특히 필요한 경우, 다른 기관의 업무 폭주로 인한 행정지원을 위한 경우, 업무의 소관이 명백하지 않거나 관련 기관 간의 긴밀한 협조를 필요로 하는 특수 업무의 공동수행을 위해 필요한 경우 소속공무원을 2년 이내 파견할 수 있도록 하는 제도입니다. 파견교사 역시 교육공무원인 교사임은 확실합니다.

다만, 교육활동 침해 교원 보호의 법적 근거가 되는 교원지위법에서는 교육활동 침해에 대하여 정의하면서 "소속학교의 학생 및 보호자 등"이라고 비교적 명확히 당사자를 정해두고 있습니다. 이는 교육활동 침해인지 아닌지 판단하는 기본 요건으로 침해행위자와 피해교원이 같은 소속학교일 것을 전제하는 것입니다.

따라서 일시적으로 만나는 체험관의 파견교사의 경우 교원지위법을 통하여 보호받기는 어렵습니다. 하지만 학생의 성희롱은 학교 내의 선도위원회 등을 통하여 조치가 가능하므로 해당 학교에 이를 적극적으로 요청할 수 있을 것입니다.

🔖 TIP 졸업생이 계속 저를 원망하는 내용의 카톡을 보냅니다

교원지위법에 의하면 졸업생은 소속학교의 학생이 아니므로 교원지위법에 의해 교사가 보호받기는 어려울 것으로 보입니다. 졸업생이 보내는 카톡의 내용이 원망을 넘어 공포심을 조장하는 정도이며 반복적으로 전송했다면 「정보통신망 이용촉진 및 정보보호 등에 관한 법률」 위반에 해당될 여지가 있습니다.

동료교사의 교육활동 침해

동료교사가 입 모양으로
욕을 했어요

 교사   같은 과목을 담당하는 교사들과 회의 중이었습니다. 업무 분장을 두고 먼저 의견을 준 동료교사와 반대되는 의견을 이야기했습니다. 제 발언이 끝나자 그 교사가 저를 보고 입모양으로 "또라이"라고 하는 걸 보았습니다. 저는 분명히 봤지만 주변에 있던 다른 교사들은 보지도, 소리를 듣지도 못했다고 합니다. 회의 후에 따로 만나 복도에서 이야기를 나누는데 그 교사가 제게 "머리나 심으시죠"라며 인신공격성 이야기를 다시 했습니다. 저를 두 번이나 욕보인 이 동료 교사, 교육활동 침해 맞죠?

 변호사   교육활동 침해로 보기 어렵습니다.

> 🟪 **관련법** 교원지위법 제15조

욕과 빈정거림,
힘드셨겠어요

일단 두 번이나 황당하고 기분 나쁜 상황을 겪으신 선생님께 위로를 드립니다. 과중한 업무로 받는 스트레스보다 직장 내 인간관계에서 받는 스트레스가 더 크고, 일보다 사람이 싫어 퇴사를 선택하는 경우가 많다는 여러 설문결과를 볼 때 교육청에서 좀 더 적극적으로 선생님들의 직무 스트레스를 관리하는 일에 나서야 하지 않을까 싶습니다.

하지만 위 사례와 같이 업무분장을 두고 발생한 교사 사이의 갈등은 교육활동 침해로 인정되기에는 어려울 것으로 보입니다. 교원지위법이 보호하는 것은 학생의 '학습권'을 매개로 한 교육활동이므로 학습권과 직접적인 관계가 없는 교사 사이의 갈등은 교육활동 침해로 보기 어렵기 때문입니다.

더불어 위 사례에서 상대방 교사가 선생님을 향해 입 모양으로 "또라이"라는 욕을 한 행위도 형법상 '모욕죄'에 해당한다고 보기는 어려울 것 같습니다. 모욕죄는 공공연하게, 즉 불특정다수가 인식할 수 있게 특정인의 인격적 가치에 대한 사회적 평가를 저하할 만한 언행을 해야 하는데요, 주변의 누구도 인지하지 못해 공연성 요건을 충족하지 않기 때문입니다.

복도에서 동료교사가 선생님에게 한 "머리나 심으시죠" 발언도 단둘이 하던 중 나온 것으로 공연성이 없고, 내용 역시 무례한 표현이 될 수 있을지언정 경멸적 표현이라고 보기에는 어려워 모욕죄 성립은 되지 않습니다.

만약 "또라이"라는 발언을 교사회의에 참석한 다른 사람들이 인지할 수 있도록 한 경우에는 공연성이 인정되어 모욕죄가 성립할 가능성이 커질 것입니다. 이런 경우 교사가 개인적으로 관할 수사기관에 모욕죄로 고소할 수 있습니다.

한편, 교사간의 갈등이 언제나 교육활동 침해행위로 인정되지 않는 것은 아닙니다. 교사 간의 갈등이 교육활동에 영향을 줄 정도로 표출될 때에는 당연히 교육활동 침해로 인정될 수 있습니다. 예를 들어 동료교사가 교실 문을 열고 수업 중인 교사를 향해 "또라이 같은 새끼!"라고 외친 경우, 학생들의 수업권이 침해된 것이 명백하고, 학생들이 그 발언을 들었으므로 모욕죄가 성립되는 것은 물론 교육활동 침해행위에도 해당될 것입니다. 이와 같이 교사에 의한 교육활동 침해의 경우에도 학생 · 학부모에 의한 교육활동 침해행위와 마찬가지로 학교교권보호위원회 개최 및 보호조치를 요청할 수 있습니다.

다시 선생님의 질문으로 돌아옵시다. 이게 왜 교육활동 침해가 아니냐는 주장을 굽히지 않으신다면 상대방을 침해행위자로 지목하여 학교교권보호위원회 개최를 요청하실 수 있고 실제 학교교권보호위원회가 개최되어 상대 교사의 발언이 교육활동 침해행위인지 여부를 판단할 수 있으나, 위에 설명한 것처럼 교육활동 침해행위로 판단받기는 어렵습니다.

학교교권보호위원회를 개최하거나 고소·고발 등 형사절차를 밟거나, 원고가 되어 민사소송을 제기하는 것은 갈등을 해소하는 최후의 방법이고 시간, 비용, 감정의 소모가 매우 극심하므로 그 전에 관리자의 적절한 리더십이 발현되어 조직 내에서 갈등 해소를 위해 노력하는 것이 중요하다고 생각합니다.

권위주의 시대를 지나 학교민주주의구현이 화두가 된 이 시대에 '아래에서 위로'의 상향적 의사결정, 위임형 의사결정[5]이 업무분장에도 적용되어야 하는 것은 당연한 일임에도 실질적으로 시간에 쫓기거나 관례적으로 해오던 방식에 의해 결정되고 통보되어 고통받는 선생님들이 이제는 없어져야 하지 않을까요? 학교장 자격 연수, 교사 자격 연수에 '의사소통기술, 효과적 갈등 대처'[6]라는 과목이 신설된 것은 시대의 흐름에 맞는 바람직한 변화로 보입니다.

---

5 김이경, 김도기, 김갑성, 우수 학교장의 리더십 특성에 관한 질적 사례 연구, 교육행정학연구, 2008, Vol. 26.

6 박지호, 서울시 교육현장 갈등유형별 효과적 대응시스템 구축방안 연구, 정책연구 겨울호, 2018.

·Q11·

원격수업

원격수업 중 들려온 신음,
교육활동 침해 맞나요?

 교사　　온라인 개학을 맞아 원격 수업을 열심히 준비했습니다. 최대한 등교 수업과 유사하게 진행하기 위해서 쌍방향 원격수업을 선호하는 편이었는데요, 하루는 학생들과 수업 중 질의응답 시간을 진행 중이었고, 질문할 내용이 있다는 학생이 있어 그 학생의 발언이 모두에게 들리도록 해둔 상태였는데 질문은 하지 않고 음란동영상을 틀었는지 신음이 재생되었습니다. 순간 당황하여 얼른 소리를 차단했지만 수업에 참여하고 있던 다른 학생들 역시 황당한 얼굴을 감추지 못하고 있었습니다. 교육활동 침해행위 맞나요?

변호사　　교육활동 침해로 볼 수 있습니다.

> 📕 **관련법** 교원지위법 제15조, 정보통신망 이용촉진 및 정보보호 등에 관한 법률 제
> 44조의7

온라인 개학, 교육활동 침해가
증가하지 않을까요?

대한민국은 코로나19 사태로 개학이 연기되는 초유의 사태를 맞이하였습니다. 한 달 반이 넘게 연기되던 개학은 수업일수, 수능일정 등 여러 상황과 맞물려 '온라인 개학'이라는 가보지 않은 길을 걷게 되었습니다. 짧은 준비 기간 동안 선생님들은 동영상 콘텐츠를 만들 수 있는 기자재를 구비하고, 온라인 강의 등 콘텐츠 제작을 위한 동영상 편집 프로그램을 익히는 등 온라인상에서 학생들을 만날 준비를 하고 계십니다.

교육활동 보호의 근거가 되는 교원지위법 및 시행령은 학교에 출석하여 수업하는 경우를 상정하고 그 상황에서 발생 가능한 교육활동 침해행위들을 규정해두었기 때문에, 온라인수업이나 원격수업에서 발생하는 교육활동 침해행위, 즉 사이버 교육활동 침해행위는 법이 보호하기 어려운 사각지대에 놓일 가능성이 있습니다. 이에 교원단체에서는 교육부에 온라인수업 시대에 맞는 '사이버 교육활동 침해 매뉴얼'의 제작 · 보급을 요청하기도 했는데요, 사례를 모으고 분석하여 대응방법 및 예방을 위한 노력이 담긴 매뉴얼이 나오려면 시간이 좀 필요할 것 같습니다.

세계를 선도하는 공교육의 길을 개척하고 있다는 사명감으로 열심히 콘텐츠를 제작하시다가도 전국의 온라인수업 사이트에서 발생하는 교육활동 침해 소식을 들으면 힘이 쭉 빠지실 것 같습니다. 수업 플랫폼에 따라 익명 채팅방이 운영되는 것을 틈타 익명으로 선생님에 대한 욕설을 올리고, 수업이 이루어지는 링크와 함께 방을 폭파해달라고 게시글을 커뮤니티 게시판에 올려 불특정 다수가 온라인수업에 훼방을 놓고, 쌍방향 원격수업 중 교사 질문에 학생이 답하기 위해 화면이 커지는 타이밍에 성기를 노출하는 등 예상을 뛰어넘는 다양한 유형의 교육활동 침해행위가 등장한 것입니다. 또 원격수업 동영상에 나온 선생님의 얼굴을 합성하여 '짤'로 만들어 조롱의 대상으로 삼기도 하고, 학부모의 경우 맘카페에 원격수업의 질이나 교사의 외모 품평을 하기도 합니다.

이런 사이버 교육활동 침해가 발생하면 평정심을 잃지 않고 그 즉시 화면을 캡처하거나 사진을 찍어두는 등 상황과 관련된 자료를 확보하는 것이 우선입니다. 또 행위를 한 학생에게 감정적으로 대응하는 것은 별개의 사건으로 비화할 빌미를 제공할 수도 있으므로 자제하셔야 합니다. 학부모의 경우 역시 해당 게시글을 작성자와 작성시간이 포함되도록 캡처하여야 합니다.

질문하신 선생님이 겪으신 일은 교실에서 원격수업으로 '사건의 발생 장소'만 바뀌었을 뿐 현재 교원지위법이 다루는 교육활동 침해행위에 해당합니다. 학생이 수업 중 교실에서 음란한 소리를 냈다면 성희롱에 해당될 수 있겠지만, 원격수업 중 반 학생이 모두 들을 수 있게 음란 동영상의 소리를 재생했다면 이는 「정보통신망 이용촉진 및 정보보호 등에 관한 법률」의 음란물 유포죄에 해당할 수 있습니다.

대법원은 음란물에 대하여 "표현물을 전체적으로 관찰 · 평가해 볼 때 단순히 저속하다거나 문란한 느낌을 준다는 정도를 넘어서 존중 · 보호되어야 할 인격을 갖춘 존재인 사람의 존엄성과 가치를 심각하게 훼손 · 왜곡하였다고 평가할 수 있을 정도로 노골적인 방법에 의하여 성적 부위나 행위를 적나라하게 표현 또는 묘사한 것으로서, 사회통념에 비추어 전적으로 또는 지배적으로 성적 흥미에만 호소하고 하등의 문학적 · 예술적 · 사상적 · 과학적 · 의학적 · 교육적 가치를 지니지 아니하는 것"이라고 하여 그 형태보다는 내용을 중시하는 태도를 보입니다. 또한 최근에는 19금 ASMR(Autonomous sensory meridian response, 자율감각 쾌락반응) 콘텐츠를 올린 유튜버가 음란물 유포로 실형을 선고받기도 했습니다.

따라서 학교교권보호위원회에서 해당 학생에게 조치가 내려지기 위해서는 원격수업을 녹화한 영상이나 신음을 들은 학생들의 진술서가 확보되어야 합니다.

코로나19 이후 우리는 언택트(비대면)의 시대에 접어들었습니다. 언택트 교육이 잘 자리 잡기 위해서는 선생님과 학생, 학부모 모두 온라인 예절을 체화해야 할 것 같습니다. 학생들에게 교실에서의 수업 태도를 교육하는 것과 같이 온라인수업 공간에서도 지켜야 할 수업 태도를 가르쳐야 합니다. 미국 플로리다 대학교 버지니아 셰어Virginia Shea 교수가 1994년 제시한 '네티켓 핵심원칙 The core Rules of Netiquette'은 26년 후인 지금에도 의미 있게 다가와 선생님들과 공유하려고 합니다.

🐾TIP 〈네티켓 핵심원칙〉 by 버지니아 셰어

1. 가상공간에서 만나는 상대방이 사람임을 기억해야 합니다.
2. 실제 생활에서 적용된 것과 같은 기준과 행동을 고수해야 합니다.
3. 현재 자신이 어떤 곳에 접속해 있는지 알고, 그곳의 문화에 어울리게 행동해야 합니다.
4. 다른 사람의 시간을 존중해야 합니다.
5. 온라인에서도 교양 있는 사람으로 보여야 합니다.
6. 전문지식을 공유해야 합니다.
7. 논쟁은 절제된 감정으로 해야 합니다.
8. 다른 사람의 사생활을 존중해야 합니다.
9. 당신의 권력을 남용하지 말아야 합니다.
10. 다른 사람의 실수를 용서해야 합니다.

특수교사

발달장애 학생의 우발적 폭행,
교육활동 침해행위일까요?

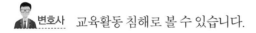 **교사** 특수학급을 맡고 있는 교사입니다. 공격적인 성향의 발달장애 학생을 담당하게 되었습니다. 학생의 행동을 제지하다 보면 팔뚝이며 정강이에 멍이 가실 날이 없습니다. 특히 다른 친구를 공격하려고 하면 끌어내다시피 학생을 떼어놓아야 하는데 이 경우 더 심하게 손발을 휘두릅니다. 발달장애 학생의 폭행도 교육활동 침해에 해당하나요?

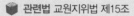 **변호사** 교육활동 침해로 볼 수 있습니다.

🗳 **관련법** 교원지위법 제15조

장애학생의 비의도적 폭행,
교육활동 침해행위로 볼 수 있을까요?

특수교사들의 교육활동 침해는 예전부터 있어왔지만 좀처럼 공론화되기 어려웠습니다. 특수교사는 학생의 장애에 대한 이해가 있기 때문에 의도 없이 우발적으로 폭력을 행사하는 경우 이를 교사 폭행으로 말하기 어렵고, 폭행에 고의가 있었다 하더라도 장애에서 비롯된 경우 이를 일반적인 폭행으로 보기 어렵기 때문입니다. 이처럼 특수교사는 폭행에 울고, 또 하소연할 곳 없이 참고 견디며 우는 이중고를 겪습니다. 이런 상황이 반복되다 보면 교사 자신의 자질과 능력에 대해 의문을 품을 수밖에 없고 이런 의문은 특수교육 효능의 저하로 연결될 수 있다고 합니다.

장애학생의 교육활동 침해에 대하여 따로 정해진 법규는 없습니다. 다만 교육활동 침해행위 고시 별표로 정해진 교육활동 침해학생에 대한 조치별 적용기준의 추가 판단 요소로, '교육활동 침해학생이 장애가 있는 경우'를 두고 1단계 감경 조치를 하게 한 것을 볼 때, 장애학생이 교육활동 침해행위를 할 때에도 학교교권보호위원회를 개최할 수 있다고 해석할 수 있습니다.

따라서 질문하신 선생님께서 장애학생의 폭행이 교육활동 침해라고 판단하신다면 학교교권보호위원회 개최를 요청하실 수 있습니다. 이런 경우 조력자나 특수교사의 지원으로 장애학생을 조사하여야 하고, 위원회에서 심의할 때에는 장애학생에 대한 전문가를 참석하게 하여 의견을 듣거나 학생의 행위에 대한 검토를 받는 등 침해행위자의 특수성에 대한 고려가 있어야 할 것입니다.

이는 2019년 10월 특수학교에서 장애 학생에 대한 인권침해 및 차별행위가 발견되어 국가인권위원회에서 교육부에 권고한 내용이기도 합니다. 국가인권위원회는 특수학교 교육현장에서 다양한 발달장애 학생의 도전적 행동에 대해 사례별로 적용할 수 있는 구체적인 방법이 포함된 매뉴얼을 마련하고 발달장애 학생이 학교폭력대책자치위원회 심의에 가·피해자로 참석하는 경우 외부전문가의 조력을 받을 수 있도록 대책을 세우며, 발달장애 학생의 행동 특성이 나타나는 원인을 면밀히 파악하고 분석하여 구체적 지원방법이 포함되도록 현재의 개별화교육을 개선하도록 권고했습니다. 교육부는 다양한 발달장애 학생 등의 도전적 행동에 의한 교육활동 침해행위에 대해 사례별 대응 방안을 마련해야 할 것입니다.

어느 설문조사 결과에 따르면 고등학교 특수학급 교사가 교육활동 침해행위자로 가장 많이 선택한 것은 학부모입니다. 최다 침해 유형으로 학생지도 간섭 및 폭언, 욕설, 협박 유형을 들었습니다. 그 원인으로는 특수교육 업무에 대한 이해 부족을 꼽았습니다[7]. 장애학생의 교육활동 침해만큼 포커스를 둘 곳은 장애학생 학부모를 대상으로 한 교육활동 침해 예방 교육이 아닐까 싶습니다.

특수교육의 목표가 장애학생도 자아실현을 하며 사회의 구성원으로 살아갈 수 있도록 하는 것에 있음[8]을 상기한다면 선생님을 때리거나 위협할 때 학교 내에서 그 행위를 제재할 수 있고 적절한 조치를 받는 과정을 겪는 것 역시 교육의 한 모습이 아닐까요.

---

7 이화영, 서울지역 고등학교 특수학급 교사의 교권침해 경험의 실태와 교권보호 지원 방안 고찰, 2016.
8 장애인 등에 대한 특수교육법 제1조(목적).

Chapter 2

교육활동 침해 그 후, 교사와 침해자에 대한 조치

• Q1 •

특별휴가

교감선생님이 병가 결재를
내주지 않아요

교사 우리 반 학생과 쉬는 시간에 복도에서 대화 중이었습니다. 왜 지각했는지 물어보고 있었는데 대답을 하지 않고 묵묵부답으로 있던 학생이 갑자기 "씨발 존나 귀찮게 하네!"라며 유리창을 깼습니다. 손에서 피를 철철 흘리는 학생을 보고 기절할 것 같았지만 정신을 부여잡고 보건선생님께 데려다주었습니다. 저도 파편에 맞아 팔뚝 여러 군데가 긁힌 것을 퇴근 후에야 발견했습니다. 마음을 가라앉히려고 노력했는데요, 학교로 간다는 상상만으로도 심장이 계속 빨리 뛰어 도저히 교실에서 그 학생을 다시 대면하기 어려울 것 같았습니다. 교감선생님께 전화를 드려 병가를 내고 싶다고 말씀드렸지만 학생들은 어쩌라는 거냐며 병가를 낼 거면 대체교사를 구해놓고 가라고 하십니다. 물론 저도 우리 반 학생들이 걱정되지만 제 마음을 진정시키지 않고 이대로 학교에 가면 트라우마가 생길 것 같습니다. 교감선생님 말대로 출근해야 할까요? 제가 대체교사를 구해야 하나요?

변호사 특별휴가를 사용하실 수 있습니다.

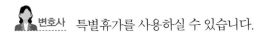 **관련법** 교원지위법 제14조의 3, 제15조, 교원휴가에 관한 예규 제8조

'나'를 '교사'로 지키기 위한
최소한의 시간을 확보하세요

많은 선생님이 수업 보강, 업무, 대체인력의 문제로 병가 신청이 어렵다고 하십니다. 교육 현장에서 어려움을 겪었을 때 도움을 받지 못하고, 몸이 아파도 병가를 쓰지 못하면 질환을 발견하지 못하거나 악화될 수 있고, 지속적인 스트레스 및 우울증으로까지 이어질 수 있습니다. 이런 이유 때문인지 초중고 교사 1,617명 중 응답자의 39.9%가 우울증세가 있다고 답했습니다. 연령별 우울증 정도를 봐도 30대 교사의 경우 응답자의 43.5%가 우울증세가 있다고 답하여 같은 연령의 일반인 응답 비율인 30.4%보다 13.1%p나 높았고, 40대 교사의 경우도 일반인보다 7.6%p 높은 36.1%로 나타났습니다.[9]

선생님, 사건 다음날 출근이 어렵다고 느껴지신다면 교원지위법에

---

9 가톨릭대학교 서울성모병원 직업환경의학과, 교사 직무스트레스 및 건강실태 조사, 2016.

보장된 특별휴가를 5일 이내에서 사용하실 수 있습니다. 시·도교육청 별로 특별휴가를 인정하는 근거 기준은 교육활동 침해 접수대장에 사안을 기록하면 되거나 추후 학교교권보호위원회를 반드시 개최해야 한다 등 다르지만, 피해 교원의 회복을 지원하기 위해 교육활동 침해 사안 직후 사용할 수 있는 것은 공통된 내용입니다. 법적으로 보장된 권리이므로 부담 갖지 말고 교감선생님께 특별휴가를 사용하겠다고 요청하세요.

계속 선생님께 출근을 강요하거나 대체교사를 직접 구하라고 하는 것은 교감선생님의 우월적 지위를 이용, 법령 등을 위반하여 교감선생님의 편리를 도모하는 것으로 갑질에 해당될 수 있습니다. 기간제 교사의 채용은 교육감이 개별 학교장에 그 임용권을 위임한 것으로 관리자가 해야 할 일입니다.

만약 특별휴가 사용 후 개최된 학교교권보호위원회에서 교육활동 침해가 아니라는 결정이 나온 경우 기존에 결재된 특별휴가를 취소하고 연가 또는 병가로 해당 기간 복무상황을 정정하면 됩니다.

단순 안정만을 필요로 하는 경미한 질병·부상의 경우 6일 이내의 공무상 병가를 신청하면 학교장 판단하에 승인될 수 있습니다. 심신을 안정시키기에 특별휴가 기간이 부족하다면 6일 이내의 공무상 병가를 연결하여 사용할 수 있습니다.

힘든 일을 겪은 선생님의 업무 부담을 낮추고 충분한 휴식 후 복귀할 수 있도록 하는 것이 장기적으로 교직사회를 건강하게 만드는 것입니다.

치료비, 구상권

학생의 폭행으로
병원에 입원했어요

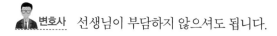 **교사**　옆반 수업 중 큰 소리가 들려와 가보니 덩치가 큰 고2 남학생이 욕을 하며 의자를 발로 차 넘어뜨리고 있었습니다. 수업 중이던 선생님은 깜짝 놀라 굳은 상태였고요. 그 학생을 말리지 않으면 다른 학생들이 다칠 수 있을 것 같아 일단 학생의 팔짱을 끼고 교실 밖으로 데리고 나오는데 그 학생이 "내 몸에 손대지 말라고!"라고 외치며 저를 밀어 넘어뜨리고는 올라타 주먹으로 얼굴을 강타했습니다. 그 후 눈을 떠보니 병원이었고 코뼈골절 진단을 받고 수술을 기다리는 중입니다. 입원도 며칠 해야 한다는데 수술비며 병원비며 어떻게 처리해야 할까요?

변호사　선생님이 부담하지 않으셔도 됩니다.

> 🟧 **관련법** 교원지위법 제15조, 교원지위법 시행령 제2조의3

걱정마세요, 치료에 전념하세요

교육활동 중 발생한 교육활동 침해행위로 교원이 피해를 입은 경우 관할 교육청과 학교장은 즉시 보호조치(치유와 교권회복에 필요한 조치)를 해야 합니다. 그중 선생님께 당장 필요한 것은 치료와 치료를 위한 요양일 것 같습니다.

사건 직후 학교교권보호위원회가 개최되기 전이라도 피해 교원은 특별휴가와 학교장이 승인하는 6일 이내 공무상 병가를 사용할 수 있음을 말씀드렸지요? 선생님의 경우 코뼈골절이라는 진단을 받으셨다고 했는데, 사건 발생 직후 가능한 이른 날짜로 학생의 폭행이 원인으로 코뼈골절이 되었다는 내용이 기입된 상해진단서를 발급받아 확보해 두시는 것이 좋습니다.

코뼈골절은 통상 4~7일간의 입원과 2~3주의 치료가 필요합니다. 수술과 입원, 통원치료를 받는 동안 지출해야 하는 치료비는 원칙적으로 불법행위를 한 침해학생 책임능력이 있는지 여부에 따라 미성년자인 침해학생이 감독의무자인 보호자와 공동으로 배상하거나, 감독의무자인 보호자가 대신 배상책임을 져야 합니다. 그러나 교원지위법은 피해교원의 보호조치에 필요한 비용은 침해학생의 보호자가 부담하도록 정한 것입니다. 다만, 신속한 피해구제를 위하여 교원이 원할 경우 교육청에서 보호조치 비용을 먼저 부담하고 이에 대해 보호자에게 구상할 수 있습니다.

따라서 피해를 입은 선생님은 침해학생의 보호자에게 치료비를 부담할 것을 직접 요청할 수 있지만 원하지 않을 경우 관할교육청에 치료비 지원 신청을 하실 수 있습니다.

그렇다면 어느 범위까지가 보호조치 비용으로 인정될까요? 교육청이 정한 전문심리상담기관에서 심리상담 및 조언을 받는데 드는 비용 및 「국민건강보험법」에 따른 요양기관에서 치료 및 치료를 위한 요양을 받거나 의약품을 공급받는 데 드는 비용으로, 각 시·도교육청마다 개별 고시[10]를 통해 신청 가능한 비용의 범위 및 기한, 방법 및 지원 한도를 정해두고 있습니다.

선생님께서 신체치료비 외에도 심리상담이나 불안증세로 정신건강의학과 치료가 필요할 경우 지원 한도 내에서 상담비 또는 치료비 지원을 요청할 수 있습니다.

각 시·도교육청별로 정해진 지원 기한 이후에도 치료가 필요한 경

---

10 ○○○○시(도)교육청 교육활동 침해행위 보호조치 및 구상권 행사에 관한 고시.

우에는 국공립 교원은 공무원연금공단에, 사립학교 교원은 사학학교 직원연금공단에 공무상 요양 승인 신청을 하실 수 있습니다. 공무상 요양 승인 신청을 받기 위한 서류 제출에는 학교의 행정적 지원이 필요할 수 있습니다. 공무상 요양 승인을 받고 요양급여를 청구하여 받은 경우 교원치유지원센터를 통하여 지원받은 치료비 상당은 중복지원에 해당하여 환수대상이 될 수 있습니다.

만약 학교교권보호위원회에서 교육활동 침해라는 결정이 내려졌고, 요양이 필요한 진단명이 나왔는데 공무원연금공단에서 요양을 불승인한 경우, 90일 이내에 공무원재해보상연금위원회에 재심을 청구하거나, 행정소송을 제기할 수 있습니다. 최근 초등학교 3학년 학생에게 폭행을, 그 보호자에게 폭언을 들은 교사가 급성 스트레스 반응과 불안·우울장애 진단을 받고 공무상 요양을 신청했으나 받아들여지지 않자, 행정소송을 제기하여 공무상 재해로 인정받은 사례도 있었습니다.

피해를 본 선생님 중에는 시·도교육청에서 지원하는 치료비에 상급병실의 입원비가 포함되는지 궁금해하시는 경우도 있습니다. 그러나 당해 진료행위의 성질상 상급병실에 입원하여 진료를 받아야 하거나, 일반병실이 없어 부득이 상급병실을 사용할 수밖에 없었다는 등의 특별한 사정이 인정되지 않는다면[11] 상급병실에 입원함으로써 추가 부담하게 되는 비용까지 지원되는 치료비에 포함되기 어렵습니다.

---

[11] 대법원 2010. 11. 25. 선고 2010다51406 판결.

비정기전보, 공무상요양

침해학생이 있는 학교에서
버틸 자신이 없습니다

 교사 제 얼굴 사진과 누군가의 나체사진을 합성한 사진이 남학생들의 단톡방에 게시된 사건이 있었습니다. 다행히 제보자가 있어 사건의 전모를 파악하고 관련된 학생들을 모두 학교교권보호위원회에 회부하고 조치하였습니다. 그 사진을 최초 유포한 학생은 강제전학이 결정되었지만, 그 사진을 보고 성희롱 발언을 한 다른 학생들은 모두 학교에 남게 되었습니다. 저를 교사가 아닌 성적 대상으로 비하한 그 학생들과 같은 공간에 있기가 너무 힘이 듭니다. 아침에 출근할 때마다 도살장에 끌려가는 소의 심정으로 갑니다. 정신과 의사선생님은 저를 불안·우울장애로 진단하고 사건과 관련된 곳에서 벗어나는 것이 도움이 될 수 있다고 하시는데 방법이 없을까요?

변호사 비정기전보 신청이 가능합니다. 공무상 병가도 고려해보세요.

> 🛡 **관련법** 교원지위법 제15조, 교원지위법 시행령 제11조

'그 학교'에 있기 힘드시다면…

교육부에 따르면 2018년 기준 교육활동 침해학생 조치 현황[12]을 보면 총 2,244건 중 출석정지가 759건(33.8%)으로 가장 많은 비율을 차지하고 있고, 그 뒤를 전학·상담·학급교체 등 기타 460건(20.5%), 특별교육 이수 425건(19.0%), 학교 내 봉사 285건(12.7%), 사회봉사 194건(8.6%), 퇴학 121건(5.4%) 순으로 집계되었습니다.

한편 교육활동 침해를 당한 피해교원의 경우 위 학생에 의한 교육활동 침해 2,244건에 학부모 등에 의한 교육활동 침해 210건을 더한 총 2,454건 중 학급교체 등 기타조치가 2,041건(83%), 일반 병가 244건(10%), 공무상 병가 130건(5.3%), 연가 15건(0.6%), 전보 12건(0.5%), 일반 휴직 7건(0.3%), 공무상 휴직 5건(0.2%)이었습니다.

학교를 떠나는 침해학생은 생각보다 많지 않습니다. 위 통계에는 주소 변경 등을 사유로 전학을 간 것까지 기타에 포함되어 있을 것이므로

---

12 개정된 교원지위법이 시행(2019. 10. 17.)되기 전의 침해학생 조치에 대한 것이므로 학교교권보호위원회가 아닌 선도위원회 등에서 학생에게 내려진 조치로 집계된 것입니다.

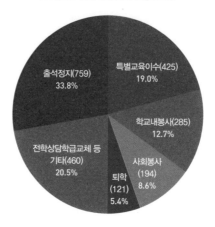

교육활동 침해학생 조치 현황(2018)

출석정지(759) 33.8%

특별교육이수(425) 19.0%

학교내봉사(285) 12.7%

전학상담학급교체 등 기타(460) 20.5%

사회봉사(194) 8.6%

퇴학(121) 5.4%

총계: 2,244(100%)

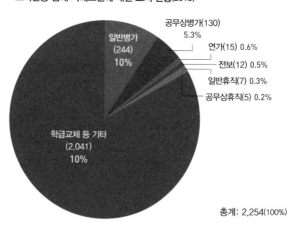

교육활동 침해 피해교원에 대한 조치 현황(2018)

일반병가(244) 10%

공무상병가(130) 5.3%

연가(15) 0.6%

전보(12) 0.5%

일반휴직(7) 0.3%

공무상휴직(5) 0.2%

학급교체 등 기타(2,041) 10%

총계: 2,254(100%)

(출처: 교육부)

그런 점을 고려하여 해석해야겠지만, 80%에 육박하는 학생들은 학교 안에서의 조치를 받았습니다. 한편, 교육활동 침해로 인해 잠시라도 학교를 떠나는 선생님의 비율은 공무상 병가, 전보, 일반휴직, 공무상 휴직을 합친 약 6.3%입니다.

또 다른 통계를 볼까요? 공무원연금공단이 발표한 자료입니다. 2018년 공무원 재해보상심의회에서 공무상 요양 판정을 받은 교육직 공무원은 모두 960명으로 일반직 국가공무원의 공무상 요양 판정자 942명을 넘어섰습니다. 2018년 기준 교육직 공무원 371,024명, 일반직 공무원 455,878명임을 감안하면 의미 있는 숫자입니다.

교육직 공무원의 공무상 요양 승인 신청 건수 증가 추세는 더 의미심장합니다. 인사혁신처에 따르면 2014년 748건(승인 672건)이었던 교원 공무상요양급여 신청건수는 2018년 1,064건(승인 960건)으로 42.2%로 가파르게 증가했습니다. 그만큼 교육 현장에서 교육활동을 하며 신체적·정신적 질병을 얻는 선생님들이 늘어난 것입니다.

특히 신경정신질환으로 공무상 요양을 승인받은 교육직 공무원은 2017년 39명, 2018년 32명으로 2015년에는 4명, 2016년에 8명이었던 것을 볼 때 그 숫자가 폭발적으로 증가하였고 매달 1~2명의 선생님이 위 질환을 사유로 요양을 위해 학교를 떠나고 있다고 보입니다.

질문하신 선생님이 겪은 성범죄인 음화제조 및 불법정보유통으로 인한 교육활동 침해의 경우 침해학생과 피해교원을 분리하는 것이 필요하고 단 1회의 침해만으로도 강제전학 및 퇴학(의무교육과정인 초등학교

· 중학교 제외)이 가능하여 주동학생은 강제전학을 간 것으로 보이지만 주동학생이 사진을 올릴 때 제지하지 않고 성희롱한 학생들은 강제전학에 미치지 못하는 조치를 받았을 것입니다. 따라서 학교에 남아 피해 선생님과 계속 만날 수밖에 없는 상황입니다.

왜 관련자 전원을 전학 보낼 수 없냐고 묻는 분도 계실 겁니다. 침해 학생을 통한 일벌백계보다 더 중요한 것은 침해 학생의 선도와 교육을 위하여 필요하다고 인정되는 범위 내에서 조치하는 것입니다. 따라서 침해 행위의 질이 가장 나쁜 주동학생과 같은 수준의 조치를 나머지 학생에게 내린다면 재량권의 일탈 · 남용에 해당하는 조치가 될 수 있습니다.

이런 상황에서 질문하신 선생님이 특별휴가와 6일 이내의 공무상 병가를 모두 사용하시고도 학교에 나오는 것이 힘든 상황이라면, 비정기전보 신청 또는 공무상 요양 신청을 고려해보실 수 있을 것 같습니다.

위 통계에 의하면 학교를 완전히 떠나는 전보를 택하는 선생님은 매우 드뭅니다. 여기에는 비정기전보가 주로 직위해제 후 복직하거나 징계를 받았거나 감사결과 인사 조치를 받았거나 직무수행능력 부족 등으로 주의 · 경고를 세 차례 받은 경우 등 교사가 좋지 않은 일을 겪었을 때 불가피하게 이루어지는 경향이 있기 때문입니다. 교육활동 침해 행위로 비정기전보를 가는 것은 교원의 보호조치로 이루어지는 것임에도 좁은 교직사회 내에서 구설에 오르는 것을 염려하는 선생님도 계십니다. 또한 업무를 담당하는 일선 장학사의 소극적인 대응에 움츠러들기도 합니다.

하지만 전보가는 학교를 고를 수도 없고 집에서 먼 곳으로 배치될 수도 있음에도, 근무하던 학교에서 형성했던 인적 네트워크를 다 두고 비정기전보를 선택하는 선생님의 마음을 헤아리고 감싸 안아야 할 것 같습니다. 더하여 교육감 또는 교육장은 선생님의 전보가 시행될 때 강제전학, 상급학교로 입학한 침해학생과 같은 학교에 배정되지 않도록 노력해야 할 법적 의무가 있습니다.

그다음으로 공무상 요양 신청에 의한 공무상 병가를 고려해보실 수 있을 텐데요, 180일 이내의 범위 내에서 학교를 떠나 몸과 마음을 추스르실 수 있습니다. 공무상 병가의 기간은 기관장인 교육감 또는 교육장이 진단서 및 선생님의 공무 수행 가능 여부를 고려하여 정할 수 있습니다.

공무상 요양승인을 신청하여 심의 중이라면 그 결정서를 통보받을 때까지는 일반 병가 또는 연가를 사용하실 수 있고, 이후 공무상 질병으로 결정되면 사용한 일반 병가 및 연가는 공무상 병가로 소급 처리하실 수 있습니다.

모쪼록 상황에 맞는 선택을 하셔서 치유에 도움이 되는 시간을 갖게 되길 소망합니다.

사진이나 영상의 불법촬영·유포, 이를 빌미로 한 협박, 사이버 공간에서의 성적 괴롭힘 등으로 어려움을 겪을 때, 여성긴급전화 1366, 디지털성범죄피해자지원센터(02-735-8994)에서 지원받을 수 있습니다.

침해학부모 고소 · 고발

침해학부모를 교권침해로
고소해도 될까요?

교사   우리 반 철수 어머니는 거의 매일 고압적인 태도로 연락해서 철수가 학교에서 친구들에게 왕따를 당하는 것 같은데 방치하지 말라고 요구하거나, 철수의 짝을 정해주거나 하셨습니다. 어느 날 철수가 체육시간에 축구를 하다 넘어져 찰과상을 입었습니다. 피가 좀 났지만 병원에 갈 정도는 아니어서 보건실에 다녀왔다고 했습니다. 다음 날 철수 어머니가 쉬는 시간에 교무실로 찾아와 "학교폭력이잖아! 왕따 당하는지 보라니까 담임이라는 게 하는 게 뭐야!! 너 내가 가만두지 않을 거야. 교사 그만둘 각오해!"라고 고래고래 소리를 지르며 책상 위에 있던 휴대전화를 집어 던졌습니다. 학교교권보호위원회에서 철수 어머니에게 서면 사과를 권고하였지만 전화 한 통 오지 않았습니다. 철수는 침해행위자가 아니어서 학급교체도 어렵고, 계속 우리 반 학부모로 만날 철수 어머니를 생각하면 실질적 제재가 가능한 형사 고소도 고려해야 할 것 같습니다. 교권침해로 고소해도 될까요?

변호사   교권침해로 고소하실 수는 없습니다. 재물손괴 및 협박 또는 공무집행방해로 고소하거나 교육청에 고발을 요청할 수 있습니다.

관련법 교원지위법 제15조, 형법 제136조, 제314조

학생이 아닌 학부모,
교육과 선도의 대상일까요?

　침해학생에 대한 학교의 조치가 세분되어 있는 것은 학생이 위법행위를 하지 않아야 하는 이유에 대한 교육 및 선도를 위한 학교의 역할이 지대하기 때문입니다. 학교교권보호위원회를 개최하고 이를 통해 조치 여부를 결정하는 과정, 조치를 이행하는 과정이 모두 처벌을 넘어선 교육의 일환으로 시행되어야 한다고 생각합니다.

　그러나 학부모의 경우는 학생과 다릅니다. 학부모는 성인으로 자신의 위법적인 행동에 대한 책임을 져야 합니다. 교사에 대해 폭행, 협박, 재물손괴 등의 범법행위를 한다면 그에 따른 처벌이 뒤따를 수 있음을 인지하고 있어야 합니다. 교육부 역시 '무관용 원칙'으로 대응할 것을 교육활동 보호 매뉴얼을 통해 밝히고 있습니다.

　이제까지 선생님들은 학부모의 범법행위에 대하여 대개 미온적인 대응을 하는 경향이 있었습니다. 이는 당사자가 직접 학부모의 범법행위를 고소해야 하는, 즉 고소인이 되어 수사기관에 처벌의 의사를 밝혀야 했기 때문이라고 추측됩니다. 학교에서도 교사가 학부모를 고소하는 일을 반기지 않는 분위기가 형성되어 있었으리라 생각됩니다. 좋지 않은 일로 구설에 휘말리는 것이 부담스러운 것이 사실이니까요.

또 대개 '법 없이도 살 사람'으로 평생을 바르게 살아온 선생님들에게 경찰서에 출석하여 피해자 진술을 하는 것이 쉽지 않은 일인 것도 이유 중 하나라고 생각합니다.

일부 학부모는 자신을 교육소비자로 인식하고 교사를 교육서비스의 제공자로 대하며 본인의 요구가 당연한 것인양 행동하기도 합니다. 선생님과 학부모 사이의 소통은 학생의 성장을 위해 꼭 필요한 부분이지만 원활한 소통을 하면서도 서로를 위해 지켜야 할 선에 대한 고민도 해야 할 것 같습니다.

질문하신 선생님은 철수 어머니의 요구가 정당한 교육활동에 대한 부당한 간섭에 해당될 여지가 있음에도 성실히 응답해 주셨습니다. 그런데도 철수가 축구하다 다친 일로 교무실에서 다른 사람들이 보고 있는 가운데 선생님에게 윽박지르고 휴대전화를 던지기까지 했습니다. 바로 학교교권보호위원회가 개최되고 교육활동 침해행위로 인정되어 '서면사과'가 권고되었지만, 학생과 달리 철수 어머니는 이를 따르지 않는다고 하여 강제할 수 있는 방법이 없습니다.

형법상 교권침해를 처벌하는 규정은 존재하지 않습니다. 따라서 이를 이유로 철수 어머니를 고소할 수는 없습니다. 다만, 철수 어머니의 행위가 개별적으로 협박 및 재물손괴 또는 공무집행방해 및 재물손괴에 해당하므로 이를 이유로 고소할 수 있습니다.

그러나 직접 고소를 꺼리는 선생님들이 대다수이므로 교사가 원할 경우 교육청이 교육활동 침해행위가 형사처벌규정에 해당한다고 판단하면 담당 수사기관에 교사를 대리하여 고발하는 규정이 2019년 신설되었습니다. 따라서 질문하신 선생님은 담당 교육청에 고발을 요청하실 수 있습니다.

한편 공무집행방해는 직무를 집행하는 공무원에 대하여 폭행 또는 협박하여 집무집행을 방해하는 행위입니다. 즉 '폭행'이나 '협박'에 이르는 위력의 행사가 있어야 하는데 교육활동 침해에 대해 형법의 적용을 받는 공무집행방해죄(제136조·공립학교 교원 적용)와 업무방해죄(제314조·사립학교 교원 적용)가 성립된다면, 그 처벌수준이 일반 폭행죄 또는 협박죄의 평균 두 배에 달하게 됩니다. '폭행'을 예로 들면 일반범죄는 2년 이하의 징역 또는 500만 원 이내의 벌금이지만 공무집행방해죄는 5년 이하의 징역 또는 1000만 원 이하의 벌금으로 처벌 수위가 높습니다.

따라서 선생님은 직접 철수 어머니를 공무집행방해 및 재물손괴, 또는 협박 및 재물손괴로 고소하실 수 있고, 교육청에 고발을 요청하실 수도 있습니다. 단순 협박죄는 반의사불벌죄이므로 피해자인 선생님이 처벌 의사를 철회할 경우 처벌할 수 없지만, 공무집행방해죄는 처벌

의사 철회 여부와 상관없이 처벌이 가능한 차이점이 있다는 것도 기억하세요.

🔍TIP **고소와 고발의 차이**

고소란 범죄의 피해자 또는 그와 일정한 관계가 있는 고소권자(피해자, 피해자의 법정대리인, 피해자의 배우자 및 친족 등)가 수사기관(경찰 또는 검찰)에 대하여 범죄사실을 신고하여 범인의 처벌을 구하는 의사표시입니다. 고발이란 고소권자와 범인 이외의 사람이 수사기관에 대하여 범죄사실을 신고하여 범인의 처벌을 구하는 의사표시입니다.

학교교권보호위원회 | 절차

침해학생 학부모에게
출석통지를 할 수 없어요

 교사   학교교권보호위원회 개최를 준비하고 있습니다. 침해학생 학부모에게 참석 가능한 날짜를 물어보기 위해 통화를 수차례 시도하였으나 전화 연결이 되지 않습니다. 결국 위원들과 당사자들이 참석 가능한 날짜를 지정하였고 학교교권보호위원회 참석 통지를 하려고 하는데요, 문자로 남겨도 될까요?

변호사   송달 기록이 남는 등기우편으로 통지하세요.

> 🏛 **관련법** 교원지위법 제19조, 동법 시행령 제15조

절차를 준수하는 일,
최선의 방어가 될 수 있습니다

학교교권보호위원회 실무를 담당하시는 선생님, 고생이 많으십니다. 사안이 발생하면 사실관계 조사를 하고, 또 재적위원 3분의 2와 피해교원, 침해 학생 및 보호자가 참석 가능한 날짜를 정하여 개최일 3~5일 전에 통지하셔야 하죠. 또 교육청에 보고도 하셔야 할 거고요. 이 와중에 학부모와 연락 두절이니 난감하실 것 같습니다.

학교교권보호위원회를 통해 결정되는 학생에 대한 조치가 '처분'이고, 이 처분이 잘못되었으니 취소해달라는 행정심판 · 행정소송이 제기되었을 때 가장 첫 번째로 변호사가 주장하는 것은 '절차적 하자'입니다. 최근 학교를 피고로 한 행정소송에서 절차적 하자를 주장하여 학교가 패소하는 사례가 늘어나고 있습니다. 「행정절차법」 및 관계법령 준수의 중요성을 잘 인지하지 못했거나 인지했더라도 실수로 업무담당교사가 놓치는 부분을 집요하게 파고듭니다. 그 결과 학생의 행위 자체는 조치가 결정되어도 문제가 없지만 절차상 하자가 있어 학생에 대한 조치를 취소해야 하는 결과가 생기게 됩니다. 절차상 하자로 많이 거론되는 것 중 하나가 바로 침해 학생의 '방어권의 보장'이 충분히 이루어졌는가입니다.

학교교권보호위원회에서 심의를 거쳐 학생에게 조치를 할 경우 침해 학생이나 보호자에게 의견을 진술할 기회를 부여하는 등 적정한 절차를 거쳐야 합니다. 이때 의견 진술은 그 기회를 부여하면 충분하고 반드시 의견 진술이 이루어져야 하는 것은 아닙니다. 따라서 침해학생 및 그 보호자가 명시적으로 의견 진술을 거부하거나, 또는 적정 기간을 통지하여 의견 진술을 요청하였는데도 그 기간에 의견 진술이 이루어지지 않은 경우 진술할 의견이 없는 것으로 간주할 수 있습니다.

한편, 학교교권보호위원회의 소집 및 개최 안내와 관련된 통지를 학생의 보호자에게 어떻게 할 것인지에 대해서 법령에 정해진 바는 없지만, 각 시·도교육청의 매뉴얼 및 가이드북에서 방법을 정하였다면 이를 따르고, 단위학교별 학교교권보호위원회 구성 및 운영에 관한 규칙으로도 정할 수 있습니다.

따라서 학생의 보호자에게 학교교권보호위원회 소집을 알릴 때에는 송달 여부 확인이 가능한 등기우편으로 하는 것이 일반적이나, 그 외의 방법인 전자우편, 전자통신망 이용이 가능하다는 학교규칙이 있다면 위 방법으로 통지할 수도 있습니다. 다만, 전자우편과 문자메시지의 경우 수신 여부를 확인하기 어려운 상황이 발생할 수도 있으므로 유의해야 합니다.

또한 침해학생 및 보호자가 본인의 입장을 피력할 준비를 할 수 있는 시간적 여유를 두고 통보해야 합니다. 학교교권보호위원회 구성과 운영에 관한 학교규칙에 통보 기간을 정해두고 이를 준수하면 되겠습니다.

마지막으로 침해학생 및 보호자가 방어권 행사를 하기 위해서는 언제, 어디서 발생한 어떠한 행위에 대해 교권보호위원회가 열리는 것인지에 대한 구체적인 사유 역시 통지되어야 합니다. 각 시·도교육청에서 일선 학교에 배포한 매뉴얼에 '출석통지서' 서식을 참고하되, '출석이유'에 대해서 침해학생의 행위를 특정하여 육하원칙에 맞게 구체적으로 서술할 것을 권합니다.

학교교권보호위원회 | 구성

침해학생 학부모가
학교교권보호위원회 위원장입니다

 교사 피해 교원입니다. 학교교권보호위원회가 개최될 예정인데요, 침해학생 아버지가 학교운영위원회 위원장이자 학교교권보호위원회 위원장입니다. 침해학생의 교묘하고도 악의적인 교육활동 침해로 상당 기간 마음고생이 심했는데요, 학교교권보호위원회가 개최되어도 교육활동 침해로 인정되지 않을까 걱정이 앞섭니다. 학교에서는 '꼭 개최해야겠냐', '개최해도 별수 없다'라는 등 핑계를 대며 학교교권보호위원회를 개최하기 싫다는 태도를 보입니다. 학교교권보호위원회에 침해학생 아버지가 위원장인데 제대로 된 결정을 기대할 수 있을까요?

변호사 위원 제척 및 기피, 회피 제도가 있습니다.

> 📙 **관련법** 교원지위법 제19조, 동법 시행령 제15조, 제16조

학교교권보호위원회 구성의
모든 것

앞에서 절차 준수의 중요성에 관해 설명해드렸습니다. 변호사들이 학교가 범했을 수도 있는 절차적 하자를 찾기 위해 열심히 들여다보는 것 중 하나는 바로 위원회 구성이 적법하게 이루어졌는가입니다. 퀴즈를 하나 풀어볼까요? 행정법원에서 학교폭력 대책 자치위원회에서 학생에게 내린 처분이 무효 또는 취소라는 결정이 내려졌습니다. 그 이유는 무엇일까요?

① 학부모 규약에 정해진 학부모전체회의 소집일 통지 날짜는 소집일 5일 전이었으나 소집일 3일 전에 가정통신문을 배부해서

② 가정통신문 내용 중 학부모전체회의 안건에 "학폭위 위원 선출" 이 기재되지 않아서

③ 학부모회 규약에 따라 학부모전체회의를 소집했는데 희망자가 없자 학부모회 임원들이 모이는 회의에서 임의로 학폭위의 학

부모위원을 위촉해서

④ 전문상담교사가 학폭위 위원이어서

정답은 ①, ②, ③, ④ 모두입니다. 과거 학교폭력 대책 자치위원회가 학교에서 열렸을 때 학폭위의 과반수를 차지하는 학부모위원은 학부모전체회의에서 선출되어야 했습니다. 이를 위하여 학부모회 규약에 따라 전체 학부모를 소집해야 했는데 학부모전체회의의 소집 절차, 학부모위원 위촉 과정이 관련 법령 및 규칙에 따라 잘 이루어졌는지 하나하나 따져서 조금이라도 어긋나면 절차상 하자로 주장될 수 있고 주장이 받아들여지면 학생에 대한 조치는 취소(또는 무효)됩니다.

이렇게 엄격하게 학폭위 구성의 적법성을 따지는 이유에 대하여 법원은 "학교폭력에 대한 조치가 해당 학생의 미래에 미치는 영향을 고려하면, 학교폭력에 관한 조치요청권을 갖는 학교폭력 대책 자치위원회는 그 구성이 법령에서 정한 절차대로 이루어져 학교구성원들로부터 민주적 정당성을 얻어야 하고, 이와 같은 적법한 절차에 따라 구성되지 않은 경우라든지 조치요청 결정에 이르는 과정에서 결정의 정당성에 영향을 미치는 위법이 개입되어 있는 경우라면 학교폭력 대책 자치위원회의 요청과 그에 따른 학교장의 조치는 위법하다"라고 설명하고 있습니다.

침해 학생에 대한 조치는 개정된 교원지위법이 시행된 2019년 10월

16일 이후 발생한 교육활동 침해 사안부터 적용되었고, 아직 교권보호위원회의 조치가 취소된 판례가 나오지 않았기 때문에 학폭위의 처분을 취소한 판례들을 참고하여 학교교권보호위원회의 구성의 적법성과 관련되어 발생할 수 있는 문제들을 살펴보겠습니다.

학교교권보호위원회의 구성과 운영에 관련된 사항은 교원지위법 시행령 제15조에 규정되어 있습니다. 우선 위원장을 포함하여 5명 이상 10명 이하의 위원으로 구성해야 하는데 위원의 자격은 다음과 같습니다.

1. 학생 생활지도 경력이 있는 해당 학교의 교원
2. 대학이나 공인된 연구기관에서 조교수 이상 또는 이에 상당한 직에 재직하고 있거나 재직했던 사람으로서 교육활동 관련 전문지식이 있는 사람
3. 해당 학교 학생의 학부모
4. 변호사 자격이 있는 사람
5. 해당 학교가 소재하고 있는 지역을 관할하는 「경찰법」 제2조 제2항에 따른 경찰서에 소속된 국가경찰공무원
6. 그 밖에 고등학교 이하 각급학교의 교육활동 관련 지식과 경험이 있는 사람

여기서 유의해야 할 점은 해당 학교 교원의 수가 과반을 초과해서는 안 된다는 점입니다. 특히 학교교권보호위원회 구성 인원이 홀수일 때 유의해야겠습니다. 또한 위원들의 임기는 2년으로 한 차례만 연임할 수 있습니다. 따라서 학교교권보호위원회 위원 구성 공문에 위원들의 위촉일 및 위촉 기간을 포함하여 결재받고, 위원들에게 위촉장을 수여하고 그 역시 공문으로 남겨놓는 것이 좋습니다. 다행히도(?) 학폭위와

달리 학교교권보호위원회의 학부모위원은 학부모전체회의에서 선출해야 한다는 규정은 없습니다만, 위 판례에서 설명하고 있듯 학폭위에서 결정한 조치가 학생들의 미래에 미치는 영향을 고려할 때 학폭위의 구성이 적법한 절차를 따르고 민주적 정당성을 확보해야 결정이 유효함을 생각하면 학교교권보호위원회 중 학부모위원의 구성 방법이 지금보다 엄격하게 정해질 가능성을 배제할 수는 없을 것 같습니다.

다음으로 학교교권보호위원회 실무를 맡고 있는 선생님이 위원이 될 수 있는가 하는 문제가 있습니다. 학폭위의 경우 전문상담교사와 달리 피해자, 가해자 모두의 입장을 들은 업무담당교사가 위원으로 참석하는 것은 가능하다고 판시하고 있습니다. 따라서 교권담당교사가 학교교권보호위원회의 위원이 되는 것도 가능하다고 해석할 수 있습니다. 단, 교장선생님은 학교교권보호위원회의 요청으로 침해 학생에게 조치를 내리는 위치에 있으므로 학교교권보호위원회 위원으로 참석하는 것이 부적절할 것입니다.

세 번째로 개의開議정족수와 의결議決정족수에 관한 부분입니다. 개의 정족수는 학교교권보호위원위 위원 중 어느 정도가 출석해야 회의를 열 수 있는지를 따지는 것으로 재적위원 3분의 2 이상이 출석해야 합니다. 의결정족수는 출석회원 중 어느 정도가 찬성해야 하는가를 따지는 것으로 출석의원 과반수가 찬성해야 합니다. 문제는 출석위원 중 제척, 기피, 회피 사유가 있는 경우입니다.

제척은 심의의 공정성을 위해 당사자와 법률에서 정한 특수한 관계가 있는 사람을 법률상 그 사건에 관한 직무 집행을 할 수 없게 하는 것입니다. 학교교권보호위원회에서는 피해교원이나 침해학생의 보호자의 배우자 및 배우자였던 사람, 친족이나 친족이었던 사람을 심의 및 의결에서 제외하도록 하고 있습니다.

위원 중 제척 사유가 있거나 공정한 심의를 기대하기 어려운 사정이 있을 때 당사자가 학교교권보호위원회에 기피 신청을 할 수 있고, 학교교권보호위원회에는 과반수 의결로 기피 여부를 결정합니다. 이때 기피대상자는 표결에 참여할 수 없습니다. '공정한 심의를 기대하기 어려운 사정'은 평소 당사자와 원한 관계에 있다든가, 사건 발생 이후 한쪽 당사자에게 불리한 언행을 해온 사실 등을 객관적으로 입증할 수 있는 경우를 말합니다. 기피 결정이 있으면 해당 위원은 심의 및 의결에 참석할 수 없습니다. '회피'는 제척 사유가 있을 경우 위원 스스로 해당 안건의 심의·의결에서 빠지는 것입니다.

문제는 출석한 위원 중 제척·기피·회피 사유가 있어 심리 및 의결에서 제외될 경우입니다. 이 경우 해당 위원은 개의정족수에는 포함되나, 의결정족수에는 포함하지 않습니다. 즉 회의가 유효하게 열렸는지를 따지는 위원의 수에는 산입하나, 의결에 찬성한 위원이 반수 이상이 되었는지를 따질 때의 출석위원의 수에는 산입할 수 없습니다.

학교교권보호위원회 교원 위원 구성 및 개의정족수

학교교권보호위원회 구성 인원	5명	6명	7명	8명	9명	10명
교원수 상한(½ 초과 금지)	2명	3명	3명	4명	4명	5명
개의정족수(⅔ 이상 출석)	4명	4명	5명	6명	6명	7명

따라서 사안의 경우 침해 학생의 아버지가 학교교권보호위원회 위원장이라면 제척사유에 해당하므로 본인이 스스로 회피해야 하며, 그렇지 않을 경우 질문하신 선생님께서 이를 사유로 기피신청을 하실 수 있습니다. 침해학생의 아버지가 심리 및 의결에서 제외되므로 학교교권보호위원회의 공정성이 담보될 것으로 기대하셔도 될 것 같습니다.

다만, 침해학생이 불복할 경우를 대비하여 학교교권보호위원회가 법령에서 정한 절차대로 구성·운영되는지 매의 눈으로 감시하셔야 합니다. 해당 사안에 대해서 제일 잘 아는 것은 피해 교원이신 선생님이고, 결과에 대한 영향을 직접 받는 것도 피해교원이신 선생님입니다.

TIP 유치원도 학교교권보호위원회를 구성해야 할까요?

교원지위법에 따르면 유치원의 경우 필수적으로 교권보호위원회를 설치해야 하는 것은 아닙니다. 유치원의 장이 필요하다고 인정하는 경우 교권보호위원회를 둡니다. 유치원에 교권보호위원회가 없는 경우 시·도 교권보호위원회에서 유치원 교원의 교육활동과 관련된 분쟁의 조정을 요청할 수 있습니다(단, 당사자가 모두 분쟁 조정에 동의해야 합니다). 병설유치원의 경우 실무적으로 초등학교 교권보호위원회와 통합하여 운영되기도 합니다. 다만 이 경우 유치원 교사와 학부모를 위원으로 구성하고 유치원 사안의 경우 그 해당 위원이 출석하는 것이 심의의 객관성과 공정성을 담보하는 방법입니다.

· Q7 ·

조치결정기준

침해학생 조치가
너무 가볍습니다

교사 임신한 지 30주가 지날 무렵이었습니다. 수업 중 학생 둘이 킬킬거리고 있어 가보았더니 휴대전화로 음란 동영상을 보고 있더군요. 집에 가서 보라고 휴대전화를 넣으라고 했더니 "1분만 더 볼게요"라며 듣지 않아 "자제가 안 되면 내가 도와줄게. 휴대전화 줘. 수업 끝나고 줄게"라며 휴대전화를 제출하라고 했습니다. 그랬더니 "애기 어떻게 생겼나 말해주면 그만 볼게요. 급 떡이 땡기네"라고 말했습니다. 성희롱으로 교육활동을 침해한 사안으로 판단하여 학교교권보호위원회 개최를 요청했고 위원회에서는 학생에게 "1호, 학교에서의 봉사 10시간" 조치를 결정했습니다. 하루종일 서서 수업하는 것도 아기에게 미안한데 이런 얘기까지 듣게 하고 그 학생은 고작 교내봉사 10시간이라니요. 적절한 조치 맞나요?

변호사 교원이 임신 중일 경우 조치를 가중하여 결정할 수 있습니다.

💎 **관련법** 교원지위법 제18조, 동법 시행령 제11조 교육활동 침해행위 고시 별표

학교교권보호위원회의 조치결정에는
기준이 있습니다

점점 불러오는 배와 퉁퉁 부어오는 다리에도 정해진 수업시수를 채우며 열심히 강의하시는 선생님께 경의를 표합니다. 좋은 것만 보고 듣고 하셔야 할 텐데 불미스러운 일이 발생했네요.

일단 학생의 행동은 시각적 · 언어적 성희롱에 해당한다고 판단됩니다. 교육활동 침해행위 고시에 명시적으로 규정되어 있는 교육활동 침해행위이고, 이에 의해 학생에게 1호 조치가 결정되었습니다. 적절한 결정이었을까요?

먼저 침해학생에 대한 조치의 종류를 살펴보죠. 교육활동 침해행위를 한 학생에게 내릴 수 있는 조치는 교내봉사, 사회봉사, 학내외 전문가에 의한 특별교육 이수 또는 심리치료, 출석정지, 학급교체, 전학, 퇴학 7가지가 있습니다. 이들 중 하나가 결정되기 위해서는 기본판단 요소로 침해행위의 심각성 · 지속성 · 고의성 및 침해 학생의 반성 정도 및 선도 가능성, 침해학생과 피해 교원의 관계회복이 고려되어야 합니다.

기본판단 요소는 점수로 정량평가 됩니다. 또 추가판단 요소로 침해 학생의 장애 여부, 피해 교원의 임신·장애 여부가 고려될 수 있습니다.

다음으로 학교교권보호위원회가 어떻게 진행되는지 살펴보겠습니다. 학교교권보호위원회가 개최되면 간사가 조사한 사실관계에 대해 위원들에게 설명하고 피해 교원과 침해 학생의 진술을 듣습니다. 이때 궁금했던 부분에 대해 질의하기도 합니다. 이후 위원들은 침해행위인지에 대한 의견을 나누고 침해행위 여부를 의결합니다. 침해행위라고 의결되면 피해교사에 대한 보호조치를 의결한 후 침해학생 조치에 대해서 심의합니다. 먼저 기본판단 요소를 각각 심의하여 점수를 의결하고, 이후 추가판단 요소의 유무를 고려하여 가중·감경을 의결합니다. 마지막으로 병과조치 여부를 의결합니다. 모든 의결은 출석위원 반수 이상의 찬성으로 이루어집니다.

위 조치 결정의 기준은 교원지위법 및 그 시행령, 교육활동 침해행위 고시에 의해 정해진 내용이므로 이와 다른 기준으로 침해행위 조치에 기준에 대한 학교규칙을 정할 수는 없습니다.

교육활동 침해학생 조치별 적용 기준

○ 학생의 교육활동 침해행위 심의 기준

① 기본 판단 요소

구분	침해행위 심각성	침해행위 지속성	침해행위 고의성
매우높음	5	5	5
높음	4	4	4
보통	3	3	3
낮음	2	2	2
매우낮음	1	1	1
없음	0	0	0

구분	침해학생 반성 정도	학생과 교원 관계회복정도
높음	0	0
보통	1	1
낮음	2	2
없음	3	3

① 추가 판단 요소

구분	추가 판단 기준	조치 내용
감경	교육활동 침해학생이 장애가 있는 경우	1단계 감경
가중	피해교원이 임신하거나 장애가 있는 경우	1단계 가중
특별교육 또는 심리치료	학생 선도·교육에 필요하다고 인정되는 경우	단독 조치 또는 1호·2호·4호·5 호·6호와 병과 가능

※ 1단계 감경(→) 또는 가중(←) 처분 : 7호 ⇌ 6호 ⇌ 5호 ⇌ 4호 ⇌ 2호 ⇌ 1호

※ 교내봉사에서 감경될 경우 '조치없음' 결정

○ 교육활동 침해학생에 대한 조치결정 기준

구분		점수	조치 내용
조치 없음		0~4	–
교내선도	1호	5~7	학교에서의 봉사
외부기관 연계선도	2호	8~10	사회 봉사
	3호	–	교내외 전문가에 의한 특별교육 또는 심리치료
교육 환경 변화	교내 4호	11~13	출석 정지
	교내 5호	14~16	학급 교체
	교외 6호	17~21	전학
	교외 7호		퇴학

【 전학 · 퇴학 조치 결정 시 준수사항 】

1. 최초 발생한 교육활동 침해행위에 대하여 전학 또는 퇴학 조치를 결정할 수 없음
2. 전학 또는 퇴학 조치는 동일교 재학기간 중 교육활동 침해행위로 출석정지 또는 학급교체 처분을 받았던 학생이 다시 교원의 교육활동을 침해한 경우에 한하여 결정할 수 있음
3. 위의 1항, 2항에도 불구하고 「형법」 제2편 제25장(상해와 폭행의 죄) 및 「성폭력범죄의 처벌 등에 관한 특례법」 제2조 제1항에 해당하는 행위는 최초 발생한 사안이라도 전학 또는 퇴학 조치 가능

따라서 사안의 경우 기본판단요소의 합이 5~7점 사이로 과반수 의결되어 1단계 조치가 결정되었고 질문하신 선생님이 임신 중임에도 1단계 가중이 되지 않은 상황으로 보입니다. 임신 사실이 반영되지 않았다고 하여 교권보호위원회 결정에 하자가 있다고 볼 수는 없습니다. 추가판단 기준은 반드시 반영해야 하는 것은 아니며 반영 여부 역시 위원회의 반수 이상 의결로 결정합니다.

또한 침해학생에게 내려진 조치가 부적절하다고 하여 상대방인 피해교원이 불복할 수 있는 방법은 없습니다. 교원은 '침해행위가 아니다'라는 결정에만 불복이 가능합니다.

💬TIP 교내외 전문가에 의한 특별교육 또는 심리치료 vs
교육감이 정한 기관에서의 특별교육 또는 심리치료?

교원지위법은 두 가지의 특별교육 또는 심리치료를 언급하고 있습니다. 첫 번째는 침해학생에 대한 조치 3호인 교내외 전문가에 의한 특별교육 또는 심리치료이고, 두 번째는 1, 2, 4, 5, 6호 조치에 병과하는 교육감이 정한 기관에서의 특별교육 또는 심리치료입니다. 실무상 교내외 전문가와 시·도교육감이 정한 기관이 일치하지 않는 지역도 존재하고, 교육감이 지정하지 않은 사설심리상담소에서 심리치료를 받는 경우도 조치를 이행한 것으로 인정되고 있으므로 두 가지 특별교육 또는 심리치료를 별개로 생각해야 합니다.
또한 학교교권보호위원회에서 침해학생에게 내리는 1호부터 7호까지의 조치는 병과가 불가능한 것으로 해석해야 하며 단독으로 처분해야 합니다. 만약 학생에게 보낸 교권보호위원회 조치 결과 통지서의 조치내용에 "1호 학교에서의 봉사, 3호 특별교육 및 심리치료"라고 적혀있다면 이것은 여러 개의 조치를 병과한 것으로 취소될 수 있습니다. 개인적인 의견이지만 병과보다는 "1호 학교에서의 봉사, 부가하여 교육감이 정한 기관에서 특별교육 또는 심리치료"로 기재해야 한다고 생각합니다.

분쟁조정

학생의 처벌을 원하지 않는데, 방법이 있나요?

 교사   수업 중 교육활동 침해가 있었습니다. 그 학생은 몹시 반성한다며 사과도 하러 오고 사과 편지도 제 책상 위에 두고 갔습니다. 학생의 부모님도 조심스럽게 연락을 해오며 잘 가르치겠다고, 심려를 끼쳐 죄송하다고 하십니다. 학교에서는 사건이 인지되었고 학교 기강의 문제도 있으므로 교권보호위원회를 열겠다고 하는데요, 저는 학생이 진심 어린 반성을 했기 때문에 조치가 나오는 건 학생의 행동에 대한 과도한 처벌이 될 수 있을 것 같아요. 학생에게 조치를 원하지 않는데 학교교권보호위원회를 열지 않을 수 있을까요?

 변호사   학교교권보호위원회에서 분쟁 조정을 하실 수 있습니다.

🏛 **관련법** 교원지위법 제15조, 제19조

학생의 진실된 반성이 있다면
고려하세요

우리 모두 지나온 질풍노도의 시기, 요즘 아이들이 겪고 있는 무한 경쟁 시대에서의 스트레스, 신체적·정신적 미완전성에서 오는 감정의 통제 불능 상태를 알기에 우발적 교육활동 침해를 당한 많은 선생님이 침해학생의 진실한 반성이 있다면 용서하고 툭툭 털고 가고 싶다고 하십니다. 하지만 반성과 사과에도 큰 용기가 필요해서인지 아니면 "선생님도 잘못했잖아요!"라는 피장파장의 오류 때문인지 아이들이 먼저 와서 "죄송해요, 잘못했습니다"라고 이야기하는 사례는 참 보기 어렵습니다.

다행히 질문하신 선생님은 학생이 진실한 마음으로 반성의 마음을 전달하였고, 그 진심이 선생님께 닿은 것 같습니다. 하지만 학교교권보호위원회가 개최된다면 학생은 (기본 판단 요소 합계 총점이 0~4점이 아닌 이상) 조치를 피할 수 없습니다. 하지만 학교교권보호위원회를 통해 분쟁 조정을 할 수 있습니다.

학교교권보호위원회는 침해 학생에 대한 조치를 결정하는 기능 외에도 교육활동 침해 기준 마련 및 예방 대책 수립, 교원의 교육활동과 관련된 분쟁의 조정 기능도 갖고 있습니다. 분쟁 조정은 당사자의 상호 양해를 통해 교육활동 관련 분쟁을 원만하게 해결하고, 분쟁의 조기 종식으로 학교구성원 통합에 기여하는 역할을 합니다.

사실 침해학생과 그 보호자, 교사는 일회성 관계가 아니므로 사안이 발생하고도 지속적으로 만나거나 연락을 주고받는 상황에 놓이는 경우가 많고, 때로 당사자 간 분리가 필요함에도 완벽하게 분리되기 어렵기도 합니다. 그 과정에서 원래 있던 갈등이 심화되기도 하고 또 다른 갈등이 생길 때도 있습니다. 이런 상황은 교사와 학생 모두에게 극심한 스트레스를 주기도 합니다. 따라서 침해학생에게 반성의 기미와 개선의 가능성이 보일 때 열린 마음을 갖고 서로의 입장을 이해하려고 노력하고 한 걸음씩 서로 양보하면서 사안을 빨리 해결할 방법으로 학교교권보호위원회를 통한 분쟁 조정을 선택할 수 있습니다

학교교권보호위원회를 통한 분쟁조정은 양 당사자의 의사가 매우 중요합니다. 많은 학교에서 학교교권보호위원회 학교규칙에 양 당사자가 모두 조정 의사를 밝혀야 조정이 진행될 수 있다고 정한 것도 그 때문입니다. 양 당사자가 조정하겠다는 의사를 표시하면 조정과정에서 서로가 원하는 점을 각각 진술하고, 그에 따라 양쪽 입장이 충분히 조율되어 조정에 동의하면 조정이 성립하게 됩니다. 이 절차 내내 학교교

권보호위원회의 위원들이 조정 성립을 위해 압력을 행사하거나 유도할 수 없고 분쟁 조정의 매개체 역할을 해야 할 것이며, 당사자들의 자율적인 의지에 의해 의사가 합치되어야 합니다.

만일 분쟁 조정이 성립되지 않는다면 학교교권보호위원회 심의가 진행되며 학생에 대한 조치가 결정됩니다. 또는 시·도교권보호위원회에서 다시 조정을 신청할 수 있습니다. 다만, 시·도교권보호위원회에서 조정을 할 경우에도 양 당사자가 모두 분쟁 조정을 원해야 합니다.

따라서 질문하신 선생님이 학교교권보호위원회에서 분쟁 조정의 의사가 있음을 알리고, 침해 학생 역시 분쟁 조정을 원한다는 의사를 밝히면 분쟁조정절차가 개시됩니다. 양 당사자는 심의에 각각 입장하여 바라는 점 등을 진술합니다. 이를 바탕으로 만들어진 조정안에 양 당사자가 모두 동의하면 위 내용을 담은 분쟁 조정 합의서가 작성되며 선생님과 학생이 이 합의서에 서명, 날인하면 절차가 종료됩니다.

불복방법

교육활동 침해가
아니라고 합니다

교사   계속 지각과 결석을 반복하는 학생과 교무실에서 상담 중이었습니다. "오늘은 왜 늦었니? 늦잠 잤니?"라고 물어도 대답이 없어 팔을 토닥이며 "괜찮아, 말해봐. 왜 늦었어?"라고 두 번째 물었을 때 학생이 갑자기 "늦잠 안 잤다고!" 소리치며 책상 위에 있던 꽃병을 밀쳤습니다. 꽃병은 산산조각이 났지만 다행히 다치진 않았습니다. 고민 끝에 학교교권보호위원회 개최 요청을 하였는데 거기서 학생이 꽃병을 밀친 것이 침해행위가 아니라는 결정을 내렸습니다. 정보공개청구를 통하여 입수한 회의록에서 학생의 진술을 보니 제가 학생의 팔을 잡아당겨 그것을 뿌리치다 꽃병이 떨어진 것이라고 말했더군요. 하지만 분명 그 학생은 의도적이었습니다. 옆자리 선생님도, 마침 교무실에 온 우리 반 학생도 그 상황을 봤다고 합니다. 학교교권보호위원회 이후 저를 볼 때마다 코웃음을 치는 학생, 거짓말로 상황을 모면할 수 있다는 잘못된 경험을 심어준 것 같아 마음이 무겁습니다. 학교교권보호위원회의 결정, 뒤집을 수 있나요?

변호사   학교교권보호위원회의 결정에 대하여 행정심판 및 행정소송 제기가 가능합니다.

> 🟦 **관련법** 교원지위법 제15조, 행정심판법, 행정소송법

교사가 유일하게 이의제기할 수 있는 경우,
'침해행위 아님'

학생이 꽃병을 떨어뜨리기 위해 밀었고, 꽃병이 깨졌으므로 재물을 손괴하여 교육활동 침해를 한 사례입니다. 그런데도 학생의 거짓 진술로 학교교권보호위원회에서 교육활동 침해행위가 아니라는 결정이 내려졌군요.

이 경우 사건 직후 사안 조사가 잘 되지 않은 것으로 보이네요. 당시 주변에 목격자가 있었다고 하셨는데 이들의 사실확인서 등이 확보되어 교권보호위원회 개최 이전 사실관계 조사에 반영되지 않은 것 같습니다.

학교교권보호위원회의 당사자인 교사는 침해학생 조치에 대해서는 이의를 제기할 수 없습니다. 오직 학교교권보호위원회가 "침해행위가 아니다"라는 결정을 내린 경우에만 이에 불복하여 행정심판 또는 행정소송을 제기할 수 있습니다.

이것은 학교교권보호위원회의 결정이 교사에게 '처분성'이 있는지와 관련되어 있습니다. 행정심판 및 행정소송은 행정청의 행위가 처분일 때 가능하기 때문입니다. '처분'이란 행정청이 행하는 구체적 사실에 관한 법집행으로서의 공권력의 행사 또는 그 거부와 그 밖에 이에 준하는 행정작용[13]을 말합니다.

"교육활동 침해행위가 아니다"라고 결정될 경우 교사는 교원지위법에 보장된 특별휴가 등의 교원 보호조치를 받을 수 없게 됩니다. 따라서 학교교권보호위원회의 결정은 교사의 권리에 직접적인 영향을 미치며, 교사에게는 이를 다툴 법률상 이익이 있습니다. 따라서 학교교권보호위원회의 교권보호위원회의 결정에 따른 학교장의 통지를 처분으로 볼 수 있습니다.

서울특별시교육청 행정심판위원회는 결정문에서 "교육활동 침해행위에 대한 보호조치를 신청한 교원은 학교의 장이 침해행위가 없다는 판단 및 결정을 하는 경우「교원의 지위 향상 및 교육활동 보호를 위한 특별법」제15조에서 규정한 교원의 치유와 교권 회복에 필요한 조치가 이루어지지 않게 되는 불이익을 입게 되는 것이고, 교원의 치유와 교권 회복에 필요한 조치는 관련 근거 규정의 목적 · 취지에 비추어 법적 보호이익에 해당하므로 교육활동 침해행위로 피해를 입은 교원은 학생 또는 그 보호자 등에 의한 침해행위의 존재 여부를 판단하는 학교의 장

---

13 행정절차법 제2조.

의 결정에 대하여 원칙적으로 이를 다툴 법률상 이익이 있음을 부정할 수는 없을 것이다"라고 하여 그 처분성을 인정하였습니다.

따라서 행정심판의 경우 학교교권보호위원회 조치결과서를 송달받은 날부터 90일 이내에 교육청에 심판 청구서를 접수하셔야 합니다. 행정심판을 제기하기로 결정하셨다면 학교교권보호위원회와 관련된 가능한 한 많은 자료를 수집하세요. 이 자료를 토대로 학교교권보호위원회의 결정이 부당하다고 행정심판위원회 위원들을 설득해야 합니다. 행정심판에서 학교교권보호위원회 결정을 취소하라는 재결이 나면 학교에서는 학교교권보호위원회를 다시 개최하여 특별한 사유가 없는 한 행정심판의 재결을 존중하는 결정을 내려야 합니다.

행정심판을 제기했음에도 결과가 달라지지 않을 경우 행정소송을 고려할 수 있습니다. 물론 바로 행정소송을 제기할 수도 있습니다. 그러나 행정심판은 신속하게 진행되고, 비용도 들지 않으며, 사안을 판단받을 기회를 한 번 더 얻는 등 장점이 많습니다. 사립학교 교원의 경우 학교를 상대로 민사소송을 제기해야 합니다.

· Q10 ·

기타

조치해도 달라지지 않는데,
어떻게 하나요?

교사 학생의 반복되는 지시불이행으로 학교교권보호위원회에서 아슬아슬하게 교육활동 침해행위로 결정되었고, 사회봉사 20시간 및 교육감이 정한 기관에서의 특별교육 또는 심리치료 조치가 나왔습니다. 그런데 학생이 조치를 받고도 이행하지 않아요. 보호자에게 연락했지만 알아서 하겠다고만 하고 대화가 이어지지 않습니다. 어떻게 해야 할까요?

변호사 보호자에게는 과태료 부과가 가능합니다. 학생은 선도위원회에 회부할 수 있고 학교장 통고제를 활용할 수 있습니다.

> **관련법** 교원지위법 제15조, 제21조, 동법 시행령 18조, 소년법 제4조

학교교권보호위원회 결정의 강제성,
보장되어 있을까요?

가장 곤란한 상황이 발생하였습니다. 학교교권보호위원회에서 학생에 대한 조치가 결정되었고 학생과 보호자도 조치 자체에는 불복하지 않았으나 조치를 이행하고 있지 않고 있는 상황이네요. 학생이 학교교권보호위원회 결정에 따르지 않을 경우 학생 및 보호자의 이행을 직접적으로 강제할 수 없습니다. 사례처럼 특별교육 또는 심리치료 결정이 나왔으나 이행하지 않을 경우, 보호자에게 과태료를 최대 300만 원까지 부과할 수 있는 간접적 제재 수단만이 있을 뿐입니다.

학생이 특별교육 또는 심리치료를 받을 때 학부모는 반드시 함께 참여해야 합니다. 그렇지 않으면 과태료가 부과됩니다. 즉, 학생의 특별교육 및 심리치료에 보호자가 꼭 함께 참여할 것을 간접 강제하고 있습니다.

그렇다면 사회봉사 20시간을 이행하지 않는 것에 대해서는 어떠한 조치가 가능할까요? 전술하였듯 교원지위법 및 그 시행령을 근거로는 유효한 제재를 할 수 없습니다. 다만 초·중등교육법상 '학교의 장은 교육상 필요한 경우에는 법령과 학칙으로 정하는 바에 따라 학생을 징계하거나 그 밖의 방법으로 지도할 수 있다'고 규정한 것에 근거하여 선도위원회로 널리 알려진 위원회[14]를 통해 징계할 수 있습니다.

따라서 학칙에 교권보호위원회의 조치 결정을 이행하지 않는 경우 교내봉사, 사회봉사, 특별교육 이수, 출석정지, 퇴학처분 중 어떤 징계를 할 것인지 규정해둔다면 이에 의거하여 학생에게 적절한 조치를 할 수 있을 것입니다.

한편 선도위원회의 징계도 무시하거나 거듭된 조치에도 지속적으로 교육활동 침해를 하는 학생에게는 학교장 통고제를 활용해볼 수 있습니다. 학교장 통고제는 학교와 법원 간 협력으로 비행소년을 선도하는 제도로, 1963년 10월부터 시행되었습니다. 하지만 일선 현장에 홍보가 되지 않아 잘 활용되지 못하고 있습니다. 학교장은 19세 미만의 범죄소년, 10세 이상 14세 미만이면서 형벌을 받을 범법행위를 한 촉법소년, 주위 사람에게 불안감을 조성하거나 정당한 이유 없이 가출하는 10세 이상의 우범소년이 교내폭력, 교육활동 침해행위, 가출, 무단결석, 가족 간 절도·협박 등의 행위를 했을 때 관할 가정법원에 통고서를 접수하면 법원이 소년보호재판의 심리개시를 결정할 수 있습니다. 심리를 개

---

14 요즘은 생활교육위원회 등의 이름으로 불립니다. 학칙에 의해 그 명칭이 정해집니다.

시하지 않는 결정을 할 때에도 소년을 훈계하거나, 보호자에게 소년을 엄격히 관리하거나 교육하도록 고지할 수 있습니다. 한편 학교장의 통고는 학부모의 동의를 필요로 하지 않습니다.

심리개시가 결정되면 법원은 자체 조사와 심리과정을 통하여 학생에 대한 보호 처분[15]을 결정하는데 조사 또는 심리에 정신건강의학과 의사·심리학자·교육자 등 전문가의 의견, 조사관의 조사 결과와 의견을 고려하여야 합니다. 이처럼 법원은 학생을 둘러 싸고 있는 생활환경, 가족관계 등을 전반적으로 조사하고, 학생이 어려움을 겪고 있다면 상담·치료를 받게 함으로써 안정적이고 신속하게 문제를 해결할 수 있습니다.

소년보호재판의 목표가 소년이 건전하게 성장하도록 돕는 것이므로 처벌에 목적이 있는 경찰 등 수사기관에 학생을 신고하는 것보다 학교의 부담이 적고, 학생 역시 수사 과정에서 받을 수 있는 정서적 상처 및 범죄수사경력 조회기록을 비켜갈 수 있다는 장점도 있습니다. 또한 학생들이 통고제를 거쳐 조사를 받고 법정에 서는 과정을 겪는 것만으로도 삶을 변화시키는 계기가 될 수 있습니다.

몇몇 시·도교육청에서는 관할 가정법원과 업무협약을 맺고 적극적

---

15 1. 보호자 또는 보호자를 대신하여 소년을 보호할 수 있는 자에게 감호 위탁, 2. 수강명령, 3. 사회봉사명령, 4. 보호관찰관의 단기 보호관찰, 5. 보호관찰관의 장기 보호관찰, 6. 「아동복지법」에 따른 아동복지시설이나 그 밖의 소년보호시설에 감호 위탁, 7. 병원, 요양소 또는 「보호소년 등의 처우에 관한 법률」에 따른 소년의료보호시설에 위탁, 8. 1개월 이내의 소년원 송치, 9. 단기 소년원 송치, 10. 장기 소년원 송치

으로 학교장 통고제도를 활용하여 범법 청소년과 가정 및 학교에서 자체적으로 훈육 및 지도에 어려움을 겪는 학생들의 지도 및 선도에 새로운 바람을 불러일으키고 있습니다.

이처럼 좋은 취지의 제도라도 활용하지 않는다면 아무 소용이 없습니다. 학교 내에서 학교교권보호위원회로도 통제할 수 없는 학생이 있다면 교장선생님께 적극적으로 제안해 보시는 건 어떨까요.

·Q11·

기타

침해학생이
변호사를 선임했습니다

교사 학교교권보호위원회 관련 업무를 담당하는 교사입니다. 학교에서 교육활동 침해행위가 있었다는 신고가 들어와 피해 교사의 의사를 확인하고 침해 학생의 진술을 받는 등 학교교권보호위원회 개최를 준비 중입니다. 그러던 중 변호사의 전화를 받게 되었는데요, 침해 학생의 부모가 선임한 변호사라면서 다짜고짜 관련자의 진술서 사본을 이메일로 전송해줄 것을 요구하였습니다. 학교교권보호위원회가 언제 열릴지 물으며 본인이 침해학생의 법적대리인으로 대신 참석하겠다고 하는데요, 관련 자료를 줘야 하나요? 또 변호사가 학교교권보호위원회에 참석할 수 있나요?

변호사 선임서 확인 후 정보공개청구절차를 안내해주세요. 대리인으로 선임된 변호사는 학교교권보호위원회에 참석할 수 있습니다.

🔖 **관련법** 변호사법 제29조, 공공기관의 정보공개에 관한 법률 제9조

전화하신 그 분, 변호사가 맞는지부터
확인해볼까요?

요즘 학교에 변호사가 전화하는 일이 점점 증가하고 있다고 합니다. 학생의 생활기록부에 불리한 기록이 남을 것을 우려한 학부모가 적극적으로 대응하고, 변호사들이 '학교사건'을 블루오션으로 여겨 기꺼이 수임하게 되었습니다. 학교폭력대책자치위원회가 학교 단위로 개최되었을 때는 가해학생이나 피해학생의 선임된 변호사라면서 연락이 오곤 했습니다. 각급학교의 학교폭력대책자치위원회가 2020년 3월부터 각급학교에서 개최되던 학교폭력대책자치위원회가 교육지원청으로 이전되었기에, 이제는 선도위원회나 교권보호위원회 개최와 관련하여 학생 또는 학부모의 대리인으로 변호사가 학교로 전화를 걸 수 있을 것 같습니다.

변호사라며 전화가 왔다고 해서 수화기 너머의 그 사람과 자세한 대화를 나누실 필요는 없습니다. 일단 전화만으로는 그가 변호사인지, 변호사가 맞다면 적법하게 침해 학생의 대리인이 되었는지 확인할 수 없기 때문에 위 두 사실을 문서로 확인한 후 사안에 대한 대화를 나눠야 합니다.

변호사가 의뢰인의 법률사무를 대리하기 위해서는, 즉 변호사가 선임된 후 의뢰인의 법률대리인으로서 지위를 인정받으려면, 수임약정을 체결한 후 대리권의 존재와 범위를 표시한 변호인 선임서 또는 위임장을 소속 지방변호사회를 경유하여 공공기관에 제출하여야 합니다. 경유할 때 경유증표를 선임서 또는 위임장에 부착하게 되어 있습니다.

따라서 변호사가 선임되었다고 전화가 오면 우선 선임서 내지는 위임장을 학교로 제출할 것을 요구하실 수 있습니다. 선임서 또는 위임장에는 의뢰인, 변호사의 서명이 연명되어 있어야 하며 어떤 사건에 대하여 선임된 것인지가 명시되어 있어야 합니다. 또한 경유증표가 붙어있는지도 확인하셔야겠지요. 또 선임서 또는 위임장에 변호사 신분증 사본을 첨부할 것을 요청하실 수도 있습니다.

선임서 또는 위임장과 변호사 신분증으로 전화를 걸어온 변호사가 적법하게 해당 학생 또는 보호자의 대리권을 위임받은 것을 확인하셨다면 변호사에게 교육활동 침해 사안 관련 자료를 제공해야 할지가 궁금하실 텐데요, 이때는 사건 관련자들의 진술서, 사실확인서 등이 공공기관인 학교가 보유·관리하는 정보에 해당되므로 「공공기

변호사 신분증

관의 정보공개에 관한 법률」에 따라 정보공개 청구 절차를 밟도록 안내할 수 있습니다. 이것은 침해학생의 학부모가 관련 서류를 요구할 때에도 마찬가지입니다. 정보공개 여부는 원칙적 공개, 예외 사유에 해당될 경우 비공개하게 되어 있으므로, 예외 사유에 해당되는지를 파악한 후 학교장이 결정하게 됩니다. 또 학교에 따라 정보공개심의위원회를 통해 공개 여부를 결정할 수도 있습니다.

학교교권보호위원회에 변호사의 참석이 가능한지 여부에 관해서는 관계법령에서 변호사의 참석 가부를 정하고 있지 않으므로 학교폭력대책자치위원회에 변호사의 참석이 가능한지에 대한 교육부의 의견을 참고할 수 있을 것 같습니다. 학교교권보호위원회 심의는 학교에서 자체적으로 침해학생에 대한 조치를 결정하는 절차로 형사절차로 보기 어려우며, 침해학생의 신분 역시 형사절차상 피의자 또는 피고인으로 볼 수 없으므로 변호사가 침해학생을 조력하는 변호인의 신분으로 학교교권보호위원회에 참석할 수는 없다고 봐야 합니다.

그러나 해당 변호사가 침해학생 또는 그 보호자로부터 대리권을 수여받은 대리인 자격을 가질 경우 당사자인 침해학생 또는 그 보호자의 의사표시를 대신할 수 있으므로 학교교권보호위원회에 참석할 수 있습니다. 다만 당사자 대신 진술하는 것은 허가되지 않습니다. 따라서 학교교권보호위원회에서는 당사자인 침해학생이 진술하고 대리인 자격의 변호사는 별도로 의견을 진술하거나 서면으로 제출할 수 있을 뿐입니다.

Chapter 3

선생님의 권리,
여기에서도
지켜드립니다

·Q1·

소청심사

부당한 징계를 받았습니다

 교사　고등학교 교사입니다. 야자 감독을 끝내고 퇴근길에 동료 선생님이 가까운 지하철역에 내려줄 수 있냐고 해서 조수석에 태우고 가고 있었습니다. 적색 점멸등 교차로에서 좌회전을 하려는데 수신호를 하는 방범대원이 계셔서 천천히 진입하다가 직진하던 차와 접촉사고가 났습니다. 제 왼쪽 범퍼가 상대차 우측 휀더와 부딪친 겁니다. 다행히 서행 중이어서 상대차 운전자와 제 동료 선생님 모두 2주 진단이 나왔습니다. 그렇지만 2주의 치료를 요하는 상해를 입혔다는 이유로 「교통사고처리특례법」 위반으로 벌금 100만 원 벌금형이 나왔습니다. 벌금 100만 원을 냈는데 그 직후 징계위원회가 소집되어 품위유지의무 위반으로 견책처분을 받았습니다. 직무와 상관없는 단순한 사고였는데 벌금에 징계까지 너무 억울한 마음입니다. 불복할 수 있을까요?

변호사　교원소청심사청구를 할 수 있습니다.

> **관련법** 국가공무원법, 사립학교법, 교육공무원징계양정에관한규칙, 교원지위법, 교원소청에관한규정

교원소청심사위원회의 문은
온라인으로도 두드릴 수 있습니다

황색 점멸등과 적색 점멸등의 차이 알고 계신가요? 깜빡이는 신호등은 다 같다고 생각하고 사례의 선생님처럼 멈추지 않고 가시는 분들도 있을 겁니다. 황색 점멸등은 서행으로 통과해도 되지만 적색 점멸등에서는 일시정지 후 통과해야 합니다. 점멸신호는 교차로에서 또 하나의 중요한 역할을 하는데 황색 점멸등 쪽이 주主도로, 적색 점멸등 쪽이 부副도로로 통행 우선순위를 정해주는 것이죠.

차량이 적은 교차로와 시간대에 불필요한 대기시간을 줄여주기 위해 도입된 점멸신호이나 이처럼 운전자들이 이해도가 낮거나, 가볍게 생각하여 지키지 않을 경우 질문하신 선생님처럼 사고가 날 수 있습니다. 점멸신호도 빨간불, 초록불과 같이 공식적인 신호이므로 위반하여 사고가 날 경우 교통사고처리특례법상 12개 중과실에 해당돼 5년 이하의 금고 또는 2000만 원 이하의 벌금의 형사처벌을 받게 됩니다.

경찰에 사고가 접수되면 교통사고처리특례법 위반으로 수사가 개시

되며, 사법경찰관은 공무원에 대해 수사가 개시되었으므로 '공무원범죄 수사개시 통보서'를 작성하여 교육감에게 통지합니다. 또 검찰로 사건이 송치된 이후에도 '공무원범죄 수사상황통보서'나 '공무원범죄 처분결과 통보서'를 교육청에 통지합니다. 각 교육청 예규에 따라 이후 절차가 진행되는데요, 보통 감사관에서 위 통보서를 수령한 후 교육지원청 교육장 또는 교육감의 징계의결요구에 의하여 징계위원회를 소집하고 징계를 의결하는 순서를 밟습니다.

징계는 중징계인 파면, 해임, 강등, 정직과 경징계인 감봉, 견책으로 나누어집니다. 비위 사실이 적발되면 임용권자가 교육청 징계위원회에 징계의결 요구를 하고 인사위원회의 징계의결에 의하여 징계가 결정됩니다. 인사위원회에서는 징계 외에 경고, 주의, 불문, 내부종결 등의 신분상의 조치를 결정할 수도 있습니다.

국·공·사립을 망라하여 유아교육법, 초중등교육법에 명시된 교원이라면 누구나 징계처분 및 그 밖에 의사에 반하는 불리한 처분(면직, 직위해제, 전보 등)의 취소·변경을 구하기 위하여 소청심사청구를 할 수 있습니다. 소청심사위원회는 소청심사 청구의 대상이 되는 처분보다 불리한 처분을 하지 않고, 비용이 들지 않으며, 민사소송 등 다른 구제방법보다 빨리 결정이 난다는 장점이 있습니다.

소청심사청구는 징계 및 기타 불리한 처분이 있었던 것을 안 날부터 30일 이내에 소청심사청구서를 인편, 우편, FAX 또는 홈페이지에서 온라인으로 교원소청심사위원회에 제출하면 됩니다.

주소 : 세종특별자치시 한누리대로 492(어진동) 청암빌딩 6층 교원소청심사위원회

FAX : 044)686-8125

홈페이지 : https://www.ace.go.kr/

질문하신 선생님께서 징계위원회에서 결정된 견책처분이 부당하다고 생각하신다면 위의 방법대로 교원소청심사위원회에 심사를 청구할 수 있습니다. 소청심사청구서가 접수되면 즉시 담당조사관이 지정되고, 징계 처분권자인 피청구인에게 청구서 부본을 송부하고 기한을 정하여 답변서의 제출을 요구합니다. 피청구인이 답변서를 제출하면 부본을 청구인에게 송달하고 추가로 제출한 증거 및 증인신청, 검정·감정 의뢰 등을 통해 사실조사를 합니다. 이후 심사기일을 지정하여 각 당사자에게 심사 1주일 전 통보하고, 청구서 접수일로부터 60일 이내에 심사하여 각하, 기각, 인용(처분의 취소 또는 변경) 중 하나의 결정을 합니다.

교원소청심사위원회의 결정에 불복하는 당사자는 결정서를 송달받은 날로부터 90일 이내에 행정소송을 제기할 수 있습니다. 사립학교 교원의 경우 소청을 거치지 않고도 민사소송으로 효력 유무를 다툴 수 있습니다.

위 사례는 실제 있었던 사건을 재구성한 것으로 교원소청심사위원회에서 ① 「교통사고처리특례법」을 위반한 비위 행위로 청구인의 직무와

는 무관한 점[16], ② 청구인이 사고 당일 학생들의 야간 자율학습 지도를 하고 늦은 시간 퇴근하는 길에 이 사건 사고를 일으킨 점, ③ 청구인이 일으킨 교통사고는 단순·경미한 사고로 인적·물적 피해 보상을 완료한 점, ④ 사고 발생에 고의성이 없어 보이고 청구인이 본인의 실수를 인정하며 잘못을 반성하고 있는 점 등을 고려할 때 이 사건으로 인한 징계 양정이 다소 과중[17]하다는 이유를 들어 견책 처분을 불문경고 처분으로 변경하였습니다.

마지막으로, 불문경고의 경우 소청의 대상일까요? 결론부터 말하자면 불문경고 역시 신분상 불이익을 초래하는 법률상의 효과가 발생하므로 소청의 대상이 됩니다. 대법원은 불문경고에 대하여 "비록 법률상의 징계처분은 아니지만 위 처분을 받지 아니하였다면 차후 다른 징계처분이나 경고를 받게 될 경우 징계감경사유로 사용될 수 있었던 표창공적의 사용가능성을 소멸시키는 효과와, 1년 동안 인사기록카드에 등재됨으로써 그동안은 장관표창이나 도지사표창 대상자에서 제외시키는 효과 등이 있다는 이유로 항고소송의 대상이 되는 행정처분에 해당한다"[18]고 하였습니다. 즉 신분상 불이익을 초래하는 법률상의 효과가 있다고 인정한 것인데요, 이런 이유로 불문경고는 징계는 아니지만 기

---

16 2017년 3월 24일 개정된 「교육공무원 징계양정 등에 관한 규칙」 제4조 제3항에서는, "제4조 제2항에 따른 감경 제외 대상이 아닌 비위 중 직무와 관련이 없는 사고로 인한 비위라고 인정될 때에는 그 정상을 참작하여 징계를 감경할 수 있다"고 규정합니다.

17 교원소청심사위원회 결정문집, 2017, vol.27.

18 대법원 2002. 7. 26. 선고, 2001도3532 판결.

타 불이익한 처분에 해당하여 소청의 대상이 됩니다.

TIP 중학교 기간제 교사입니다. 소청심사 청구를 할 수 있을까요?

기간제 교사는 「교육공무원법」에 의거 징계의 대상이 아닙니다. 다만 기타 신분상 불이익한 처분을 받는 상황이라고 해도 기간제 교사는 「중등교육법」 상 교원이 아니므로 소청심사청구의 당사자가 될 수 없습니다.

갑질신고, 고충심사

교장선생님의 갑질,
어떻게 해결해야 할까요?

교사 교장선생님께서 특별휴가를 사용하려면 사전에 대면 또는 구두 보고를 한 후 나이스에 상신하라고 합니다. 교장실에 찾아가기는 좀 부담스러워 전화를 드리면 어디를 가는지, 왜 가는지 꼬치꼬치 물어보셔서 진땀을 뺍니다. 또 교무실에 '육아 시간 사용 현황' 장부를 비치하여 기록하게 합니다. "세상 좋아졌지, 나 때는 말이야, 방학 때 출산하고 개학 때 출근했잖아~"라는 말은 덤입니다. 어느 날은 육아 시간으로 2시간 먼저 퇴근하는 제게 재킷을 주시면서 "내가 지금 교육청 들어가야 해서 이것 좀 학교 후문 앞 세탁소에 맡겨줄래? 좀 움직여야 살이 빠지지~"라고 하신 적도 있습니다. 계속 이렇게 눈치 보면서 근무하는 방법밖에 없는지, 관리자의 갑질은 어떻게 해결해야 할까요?

변호사 교육청 보통고충심사위원회, 갑질신고센터를 이용하실 수 있습니다.

> 🗄️ **관련법** 국가공무원법, 공무원행동강령, 근로기준법, 교원휴가에 관한 예규, 교육공무원법, 공무원고충처리규정

갑질 없는 학교,
학교민주주의의 건강한 토양

2018년 12월 24일 공공부문 갑질 금지 내용을 포함한 개정된 「공무원 행동강령」이 시행되었고, 2019년 7월 16일부터 직장 내 괴롭힘 금지법[19]이 시행되면서 학교 내 '갑질'이 재조명받고 있습니다. 갑질은 사회·경제적 관계에서 우월적 지위에 있는 사람이 권한을 남용하거나, 우월적 지위에서 나오는 영향력을 행사하여 상대방에게 부당한 요구나 처우를 하는 것입니다.

질문하신 선생님께서 겪고 있는 일은 선생님보다 우월적 지위에 있는 교장선생생님의 부당한 요구나 처우에 해당한다고 보입니다. 복무와 관련하여 전자결재시스템인 나이스NEIS 결재를 받을 때 구두 보고 또는 나이스 외 별도 사전결재는 필수절차가 아니므로 이를 강제하는 것은 통솔범위 밖 행위가 될 수 있습니다. 또한 육아 시간 사용 현황 장

---

19 이런 이름의 법이 있는 것은 아닙니다. 개정된 「근로기준법」에 직장 내 괴롭힘 금지를 명시한 규정이 신설되었습니다.

부는 근무상황부의 일종으로 볼 수 있는데 근무상황부는 나이스에 개인별로 관리하는 것이 원칙입니다. 그 밖에 업무와 상관없는 교장선생님 개인의 세탁물을 맡기도록 한 것은 갑질 유형 중 사적 이익 요구 유형에 해당합니다. 마지막으로 외모와 신체를 비하하는 것은 비인격적 대우 유형의 갑질이며 인권침해의 소지도 있습니다.

이처럼 갑질이 있을 때에는 '갑질신고센터'의 문을 두드려보실 수 있습니다. 교육부의 갑질신고센터는 2018년 11월부터 운영되고 있는데요, 익명으로도 신고가 가능합니다. 시·도교육청에서도 감사·감찰 부서 내에 갑질피해신고·지원센터를 운영해야 합니다. 이 센터에서 갑질 상담·신고 접수 및 조사, 피해자 보호 조치 등 갑질 사건 처리뿐만 아니라 피해자를 지원하는 역할도 담당하게 되어 있습니다.

물론 2018년 11월 야심차게 출발한 교육부 갑질신고센터에 접수된 사건 중 일부는 그 조사를 이유로 반년 이상 묵묵부답이었고, 첫 달 44건의 접수가 있었던 반면 2019년 6월에는 단 2건의 접수에 그쳤던 점과[20] 시도교육청의 갑질행위신고방, 행동강령위반신고센터는 각 시·도교육청 홈페이지에서 찾기가 어렵거나 신고자에게 처리결과를 별도로 통보해주지 않는 등 본래의 목적에 맞게 잘 운영되고 있는지, 내가 당하는 갑질을 신고해도 과연 해결이 될까 하는 의문이 들 수도 있습니다.

이럴 때는 고충심사청구도 하나의 선택지가 될 수 있습니다. 고충처

---

20 에듀인뉴스, 교육부, '을(乙)의 눈물' 외면? 갑질신고센터 접수사건 37% 조사 지지부진, 2019년 10월 1일 자.

리제도는 징계나 이에 준하는 신분상의 불이익한 처분은 아니지만 근무조건, 업무, 인사관리 등 다양한 고충사안에 대해 시정을 요청하는 제도입니다. 공무원의 권익을 향상시키고자 하는 사기를 진작하며 직무 능률을 향상하는 목적을 갖고 있습니다.

고충심사의 대상은 다음과 같습니다.

1. 근무조건 관련
- 봉급·수당 등 보수에 관한 사항
- 근무시간·휴식·휴가에 관한 사항
- 업무량, 작업도구, 시설안전, 보건위생 등 근무환경에 관한 사항
- 출산·육아·자녀교육, 질병치료, 주거·교통 및 식사편의 제공 등 후생복지에 관한 사항

2. 인사관리 관련
- 승진·전직·전보 등 임용에 관한 사항
- 근무성적평정·경력평정·교육훈련·복무 등 인사운영에 관한 사항
- 상훈·제안 등 업적성취에 관한 사항

3. 상·하급자나 동료, 그 밖에 업무 관련자 등의 행위 관련
- 「성폭력범죄의 처벌 등에 관한 특례법」 제2조에 따른 성폭력 범죄
- 성희롱 등 부적절한 언행이나 신체적 접촉
- 위법·부당한 지시나 요구
- 신체적·정신적 고통을 주거나 근무환경을 악화시키는 직장 내 괴롭힘
- 성별·종교별·연령별 등에 의한 차별대우

4. 기타 개인의 정신적·심리적·신체적 장애로 인하여 발생되는 직무수행과 관련된 고충

출처: 인사혁신처 소청심사위원회 고충심사 운영 안내(2019. 11.)에서 발췌

다만 근무조건, 인사관리에 속하는 사항이라도 ① 감사원의 변상판정 기타 결정에 관한 사항, ② 공무원 연금급여에 관한 사항 ③ 징계처분, 직위해제 등 소청심사의 대상이 되는 불이익처분의 경우에는 다른 법령에 실효적인 구제수단이 마련되어 있으므로 그 절차를 먼저 거쳐야 하고, 성과상여금 등급 결정, 근무평정과 같이 관계 법령에 이의제기 절차가 있는 경우도 마찬가지입니다. 단순 전보희망·교류의 경우 임용권자가 마련한 자체 제도를 통해 우선적으로 따져야 합니다. 그렇지 않으면 고충심사청구가 각하될 수 있습니다.

교원의 경우 시·도교육청에 설치된 보통고충심사위원회서 고충을 심사합니다. 교원소청심사를 담당하는 교원소청심사위원회에서 중앙고충심사위원회를 함께 운영하며 이곳에서는 보통고충심사를 거친 고충의 재심과 5급 이상의 공무원, 장학관, 연구관의 고충을 심사합니다.

고충심사를 청구하는 방법은 청구인의 주소, 성명 및 생년월일, 소속기관명 및 직급(직위), 청구취지 및 이유를 기재한 고충심사청구서를 작성하여 시·도교육감에게 제출하면 됩니다.

고충심사청구서가 접수되면 담당자는 고충심사청구서의 요건을 검토한 후 필요할 경우 청구인에게 보완을 요구하고 보완 후 상대방인 피청구인에게 답변서 제출을 요구합니다. 피청구인이 답변서를 제출하면 위원회에서는 청구서와 답변서를 바탕으로 관련 사실 조사를 하고 심사기일을 지정합니다. 양당사자에게는 심사회의에 출석하여 진술할 수 있는 권리가 보장됩니다.

이런 절차를 거쳐 고충심사위원회에서는 시정요청, 개선권고 및 의견표명, 기각, 각하 총 4가지 종류의 결정을 내릴 수 있습니다. 위원회가 인용(시정요청, 개선권고 및 의견표명) 결정을 내리면 특별한 사유가 있지 않은 한 고충을 시정하고 그 처리 결과를 30일 이내 공문으로 통보해야 합니다. 특별한 사유가 있어 시정할 수 없는 경우에는 '불이행 사유'를 작성하여 청구인에게 문서로 통보해야 합니다.

고충심사위원회가 선생님들께 잘 알려지지 않은 것은 교육청의 소극적인 태도와 위원회 결정에 기속력羈束力이 없어 개최의 실익이 없다는 고정관념 때문일 텐데요. 고충심사청구는 법으로 정해진 선생님의 권리입니다. 선생님이 고충심사청구서를 교육청에 제출하면 고충심사위원회는 일단 개최되어야 합니다. 더 나아가 피청구인인 교장선생님이 이에 대해 답변서를 제출해야만 하고 이를 토대로 교육청 내 위원회에서 내·외부 위원이 참석한 가운데 이를 심의하는 것만으로도 이미 학교 내 갑질 뿌리 뽑기가 시작될 것입니다.

🔖TIP 사립학교 교사입니다. 고충심사 청구를 할 수 있을까요?

사립학교 교원은 「교육공무원법」에 의거 고충심사청구제도의 대상이 아닙니다. 사립학교 교원의 봉급, 수당 등 보수에 관한 사항에 대해서는 민사법원에 소송을 제기할 수 있습니다. 그러니 송사로 가기에 시간적·비용적 부담이 크다면 관할청에 지도·감독을 요청하는 방법도 시도해 볼 수 있습니다.

Part
02

학교폭력편 :
학교폭력의 시작과 끝

Chapter 1

학교폭력이란
무엇인가?

개정된 학교폭력예방법

개정된 학교폭력예방법의
내용은 무엇인가요?

교사 올해부터 학교폭력을 전담하게 된 교사입니다. 개학을 앞두고 두려운 마음이 한가득합니다. 익히 들어 알고 있었지만 학폭업무는 작성해야 할 서류도 많고 학부모와 상담이나 민원처리 역시 쉽지 않다고 들었습니다. 그나마 법률이 개정되어 학교에서 더 이상 학교폭력 대책 자치위원회를 열어 주지 않아도 되던데 그게 사실인지 알려주세요.

변호사 네, 사실입니다. 2020년 3월 1일부터 교육지원청으로 이관되어 학교폭력 대책 심의위원회에서 피해학생, 가해학생 조치를 결정합니다.

> **관련법** 학교폭력예방법 부칙 제1조

학교장 자체해결?
학교폭력 대책 심의위원회?

학교폭력 전담교사는 학교폭력 사안을 처리하고 밀려오는 행정 업무를 보면서 한숨을 쉴 수밖에 없습니다. 당사자와 관련자의 진술을 받은 문서를 정리하고, 보고해야 할 문서를 작성하고, 일과 시간 이후에도 수시로 걸려오는 피해 학부모와 가해 학부모의 상담 전화를 받다 보면 전화벨 소리에 노이로제가 걸릴 지경입니다.

당장 학교폭력 대책 자치위원회를 소집하기 위해서 위원들에게도 알려야 하고 관련 학생과 학부모에게도 개최 통지서를 보내야 합니다. 회의가 끝나면 회의록을 작성하고 당사자들에게 조치 결과 통보서를 보내야 합니다.

거기서 끝나지 않고 학부모가 학교폭력 대책 자치위원회의 결정에 불만을 품어 행정심판이나 행정소송을 제기해 오면 그에 대한 대비도 해야 합니다. 한 건이 끝날 때마다 '나는 학교에서 아이들을 가르치는 교사인데 이렇게까지 해야 하나' 하는 회의감이 드는 것 역시 사실입니다.

학교폭력 전담 선생님이라면 한 번쯤은 이런 고민을 해보셨을 겁니다. 이러한 문제점들은 법률이 개정되기 전 학교에서 학교폭력이 발생하게 되면 단위학교별로 설치된 학교폭력 대책 자치위원회에서 심의, 결정하여 사안을 처리하기 때문에 발생하였습니다. 이를 비롯하여 기존의 법률이 가지고 있었던 여러 가지 문제로 학교 현장에서 꾸준히 법률 개정을 요청했습니다.

어찌 보면 법도 살아 있는 생물과 같아서, 태어나고 사회의 필요로 변화하며 심지어는 사라지기까지 합니다. 학교폭력 예방 및 대책에 관한 법률(학교폭력예방법)도 마찬가지입니다. 학교현장에서 발행하는 학교폭력이 점점 심각해지면서 이에 대응하고자 제정되었고 마찬가지로 사회 변화에 따라 여러 차례 개정을 거쳐왔습니다. 그러나 여러 차례 개정에도 불구하고 기본적으로 학교폭력 사안 처리 절차는 바뀌지 않았습니다.

학교폭력이 발생하면 학교는 사안을 접수하고 전담기구에서 사실확인을 한 다음 각 학교에 설치된 학교폭력 대책 자치위원회에서 위원들이 피해학생 보호조치와 가해학생 선도조치를 결정합니다.

각 단위 학교별로 학교폭력 대책 자치위원회에서 조치를 결정하다 보니 학교는 학교폭력 사건에서 기인한 많은 민원과 과중한 행정 업무에 시달려야 했습니다. 그리고 학교폭력 사안 처리나 조치 결과에 대해 불복하면 학교에서는 법리를 검토하는 등 행정심판이나 소송에 대비해야 하는데 법률전문가들이 아닌 선생님들이 이에 대응하는 것은 매우 어려운 일입니다.

또한 학교폭력 대책 자치위원회는 그 구성에 있어 학부모 위원을 과반수로 위촉해야 하는데 자치위원회가 전문성이 부족하다든가, 동일 사안에 대해서도 조치가 일관적이지 못하다는 비판에 직면하기도 했습니다.

학교는 학교폭력 사안을 접수하면 학교폭력 대책 자치위원회를 열어야만 했습니다. 경미한 학교폭력이건, 중대한 학교폭력이건 상관없이 학교폭력이라면 무조건 학교폭력 대책 자치위원회를 개최해야만 했지요.

학교폭력의 사안에 따라 자치위원회 개최 자체를 부담스러워하거나 열기를 원치 않는 학부모도 있고, 발생하는 모든 사안을 학교폭력 대책 자치위원회를 열어서 해결한다는 것도 힘든 일입니다. 학교는 기본적으로 교육을 하는 곳이지 학교폭력 사건만을 다룰 수는 없습니다.

학교폭력 대책 자치위원회에서 조치 결과를 받은 피해학생은 자신에 대한 보호조치만이 아니라 가해학생에 대한 선도 조치에 대해서도 이의제기를 할 수 있었습니다. 가해학생 역시 마찬가지였습니다. 그런데 피해학생과 가해학생이 이의제기를 하는 곳이 달랐습니다. 피해학생은 학교폭력 대책 지역위원회에 재심을 청구할 수 있었고, 가해학생은 교육청에 있는 행정심판위원회에 이의를 제기할 수 있었습니다. 관련 학생이 피해학생인지 가해학생인지에 따라 이의제기를 신청하는 기관이 달라 혼란스러웠고, 당사자의 권리구제에서도 불평등할 수 있는 여지가 있었습니다.

전술한 문제점들로 꾸준히 학교폭력예방법 개정에 대한 논의가 있었고, 그 결과 2019년 8월 학교폭력예방법이 일부 개정되었습니다.

개정 이유로는 ① 학교폭력 대책 자치위원회 심의 건수의 증가로 학교의 업무 부담이 증가하고 있으며, ② 학교폭력 대책 자치위원회 전체 위원의 과반수를 학부모대표로 위촉하도록 하고 있어 학교폭력 사안처리에 있어 전문성이 부족하다는 의견이 꾸준히 제기되어 왔고, ③ 경미한 수준의 학교폭력 사안도 학교폭력 대책 자치위원회의 심의 대상이 되어 적절한 생활지도를 통한 교육적 해결이 곤란한 상황, ④ 현재 피해학생과 가해학생에 대한 재심기구를 행정심판위원회로 일원화하여 현행 제도의 운영상 나타난 일부 미비점의 개선 보완 등을 밝히고 있습니다[1].

즉 학교폭력이 발생하면 학교에서는 사안을 접수받아 사실확인을 하고 확인된 사실을 교육지원청으로 보내어 교육지원청에서 학교폭력 대책 심의위원회를 열어 피해학생 보호조치와 가해학생 선도조치를 합니다.

---

1 국가정보법령센터(www.law.go.kr) 학교폭력예방 및 대책에 관한 법률[시행 2020. 3. 1.] [법률 제16441호, 2019. 8. 20., 일부개정] [제정 개정 이유]

교육지원청에서 조치가 결정되므로 관련 학생 및 보호자는 자신에게 내려진 조치에 불복할 때 그동안 해왔던 학교가 아니라 교육지원청을 상대로 해야 합니다. 행정심판이나 행정소송의 상대방이 교육지원청이 되는 것입니다.

이제 가벼운 학교폭력 사안은 학교장의 자체해결이 가능해졌습니다. 물론 개정되기 전에도 학교장의 자체해결이 가능은 했지만, 법률에 명시되어 있지 않았죠. 개정 이후 가벼운 학교폭력 사안은 법률에 근거하여 학교장 자체해결이 가능합니다.

학교폭력 대책 심의위원회에서 피해학생 혹은 가해학생에게 조치를 내린 이후 관련 학생 및 보호자가 조치 결정에 대해 이의제기를 하는 경우, 개정 전 존재하는 재심제도는 사라지고 바로 행정심판을 청구하도록 바뀌었습니다. 지금까지 설명한 개정 내용들은 2020년 3월 1일부터 시행되고 있습니다.

🔧 TIP 학부모 위원의 전문성

학교폭력 대책 심의위원회는 피해학생 보호조치와 가해학생의 선도조치를 심의하고 의결하여 결정합니다. 조치를 결정할 때 피해학생을 어떻게 보호할 것인지 또한 가해학생을 교육적인 측면에서 반성의 기회를 주고 건전한 사회구성원으로 거듭나기 위해 무엇이 필요한지를 논의하게 됩니다. 이때 필요한 전문성은 무엇일까요? 바로 아이들을 단지 처벌 대상으로 보는 것이 아니라 자신이 한 행동에 대한 의미를 일깨워주고 갈등이 발생했다면 이를 해결할 수 있는 능력을 길러줄 수 있는 방법을 가르쳐 줄 수 있는 것이 아닐까요? 이는 교육을 통해서 이루어져야 할 것입니다. 그렇다면 그런 결정을 할 수 있는 전문적인 집단은 누구일까요? 학교에서는 교원이 될 것입니다. 더불어 전반적인 생활에서는 '학부모'가 될 것입니다. 이때 필요하다면 법률전문가와 경찰위원이 전문적인 지식을 제공해줄 수 있습니다. 이러한 이유로 기존의 학교폭력 대책 자치위원회나 개정되고 난 이후 학교폭력 대책 심의위원회에서도 '학부모 위원'이 아이들에 대한 교육전문가로서 위원으로서 회의에 참여하게 됩니다. 학무모 위원이 무슨 전문가냐, 하는 비판 혹은 비아냥은 이러한 부분을 간과한 것이 아닐까 생각됩니다.

· Q2 ·

학교폭력예방법의 목적

학교폭력,
무조건 강한 처벌만이 답인가요?

 교사   며칠 전 반에서 학교폭력 사안이 발생하였습니다. 학생 A와 학생 B가 서로 장난을 치다가 큰 싸움으로 번져 그만 학생 B의 이가 깨졌습니다. 이 사실을 당일 양쪽 학부모에게 알렸습니다. 그런데 그 사실을 전달받은 피해학생 학부모님이 다음 날 학교를 찾아오더니 흥분한 상태로 다짜고짜 이런 학생과 같은 학교에 다닐 수 없다며 가해학생을 무조건 전학 보내달라고 합니다. 또한 원하는 결과가 나오지 않을 경우 할 수 있는 방법을 총동원한다고 합니다. 가해학생에 대한 강한 처벌만이 학교폭력 문제를 해결하는 데 도움이 될까요?

변호사   학교폭력 조치의 목적은 가해학생을 처벌하는 것이 아닙니다. 가해학생에 대한 선도가 우선입니다.

🛡 **관련법** 학교폭력예방 및 대책에 관한 법률 제1조

무조건 가해 학생을
다른 학교로 보내 달라는 학부모

학교현장에서 문의하는 학교폭력 사안을 상담하다 보면 학교폭력의 양상이나 내용이 심각해지고 있음을 알 수 있습니다. 학교폭력이 학교에서 벌어지는 단순한 학생들 간의 다툼이라고 볼 수 없는 수준에 이르고 있습니다. 학교폭력이 발생하면 학교는 관련 학생들의 보호자에게 연락하여 알려야 합니다. 연락을 받은 보호자 중에서는 무조건 가해학생을 엄벌해달라고 하시는 분이 있습니다. 가해학생에 대해서 무조건 강한 조치를 줘야 한다든가 다른 학교로 전학을 보내 달라고 요청합니다.

가해학생에 대해 엄벌을 요구하는 보호자들의 심정도 이해가 갑니다. 본인의 자녀가 학교폭력으로 피해를 받고 학교 생활하는데 어려움을 호소한다면 충분히 그런 마음이 들 수 있죠. 하지만 학교폭력에 이른 동기, 사안의 경중을 고려하지 않고 무조건 가해학생을 처단해야 한다는 막무가내 보호자도 있습니다. 그리고 학교에 본인들의 주장을 관철시키기 위해 끊임없이 요구합니다.

과연 가해학생에 대한 처벌만이 학교폭력의 해답일까요? 강한 처벌은 학교폭력을 예방하고 재발을 방지하는 효과가 있을까요? 이에 대한 답은 아마도 학교폭력 예방 및 대책에 관한 법률 제1조를 보면 알 수 있지 않을까 합니다.

일반적으로 대부분 법률이 제1조에 그 법의 목적을 두고 있습니다. 법률에는 발생한 문제들을 해결하기 위하여 일정한 기준이 정해져 있습니다. 서로 간의 다툼이나 문제가 발생하면 이를 해결하기 위해서 법률에 나와 있는 내용을 적용해야 합니다. 그러나 사회에서 발생하는 수천, 수만 가지의 일을 모두 법률로 정할 수는 없습니다.

학교폭력도 마찬가지입니다. 학교폭력에 관해서는 학교폭력 예방 및 대책에 관한 법률이 규정되어 있고 이 법률은 고작 23개의 조항으로 이루어져 있습니다. 이 23개의 조항으로 학교폭력의 모든 문제를 해결하기에는 너무나도 부족할 수 있습니다. 그렇다고 발생 가능한 모든 일을 일일이 법률에 규정할 수도 없습니다.

따라서 대원칙만을 정해둔 법률을 근거로 발생한 사실에 적용하여 판단하려면 법률을 해석할 필요가 있습니다. 어떻게 해석해야 할까요? 우선 법률에 나와 있는 목적에 맞게 해석해야 합니다. 이 법을 정한 이유가 무엇이고, 취지가 무엇인지를 살펴보고 목적에 맞게 해석 적용해야 합니다.

학교폭력 예방 및 대책에 관한 법률의 목적은 학교폭력을 예방하고 학교폭력이 발생했을 경우 피해학생을 보호하고 가해학생을 선도하여 교육을 통해 학생의 인권을 보호함과 동시에 학생을 다시금 건전한 사회구성원으로 육성하는 것입니다[2].

즉 가해학생에 대한 처벌이 이 법의 목적이 아니라 가해학생 역시 학생이므로 교육적인 목적의 선도조치를 해서 자신의 행위의 의미를 깨닫고 반성하게 하여 다시금 원활한 학교생활을 할 수 있도록 도와주는 것이 목적입니다.

물론 선도의 의미 안에는 어느 정도의 처벌도 포함되어 있습니다. 그러나 그것은 하나의 부분일 뿐 목적이 되지는 않습니다. 법에서 정한 목적이 그러하므로, 학교폭력 대책 심의위원회에서 가해학생에 대한 조치를 할 때도 그것이 피해학생을 보호함과 동시에 선도의 목적에도 부합해야 합니다.

근본적으로 학교는 교육기관이지 처벌기관이 아닙니다. 형사처벌이 필요하거나 보호 관찰 처분이 필요한 경우에는 사법기관에서 절차에 맞게 필요한 처벌이나 처분을 하겠지요. 그러나 안타깝게도 학교폭력의 양상이 갈수록 심해지는 상황에서 학교 현장에서는 원래 이 법의 목적인 선도의 의미는 퇴색되고 선도의 수단인 처벌이 목적이 되는 안타

---

2 학교폭력 예방 및 대책에 관한 법률 제1조(목적). 이 법은 학교폭력의 예방과 대책에 필요한 사항을 규정함으로써 피해학생의 보호, 가해학생의 선도 · 교육 및 피해학생과 가해학생 간의 분쟁조정을 통하여 학생의 인권을 보호하고 학생을 건전한 사회구성원으로 육성함을 목적으로 한다.

까운 상황이 발생하고 있습니다.

가해학생을 선도하는 것이 무엇인지 재고해야 합니다. 자신의 행동이 타인에게 어떤 영향을 미쳤는지 깨닫게 하고 그에 적합하게 반성의 기회를 주거나 앞으로 그러한 행위를 되풀이하지 않도록 포기하지 않고 교육할 수 있어야 합니다. 학교는 교육기관이므로 학교폭력 사안도 교육적인 방법으로 풀어 나가야 합니다. 따라서 보호자에게도 이를 명확하게 인지시키고 학교폭력에 노출된 가해학생과 피해학생 모드를 위한 조치가 이루어져야 하겠습니다.

학교폭력예방법의 정의: 행위자

성인도 학교폭력의 가해자가
될 수 있나요?

 교사   학생 A가 반에서 따돌림을 당했다며 신고를 했습니다. 가해자로 지목된 학생들에게 학교폭력 대책 심의위원회는 사과와 함께 피해학생에게 접근을 하지 말라는 조치를 내렸습니다. 그런데 문제는 조치가 결정된 이후 학생 A의 어머니가 귀가 시간에 맞춰 교문에서 기다리고 있다가 가해자로 지목된 B 학생에게 다가가서 "니가 B니? 나 A 엄만데 한 번만 더 그러면 가만 안 둬! 앞으로 내 아들 건들지도 말고 아는 체도 하지 마"라며 다그쳤습니다. 학생 B는 엄마에게 겁이 나서 학교를 못 다니겠다고 했고, 다음 날 학생 B의 학부모가 학교에 연락하여 학교폭력으로 처리해달라고 요청했습니다. 일단은 B 학생 학부모를 진정시키고 알아보겠다고 하고 상담을 마쳤습니다. 학교폭력은 학교에서, 학생 간에 발생한 폭력만 해당하는 것 아닌가요? 성인도 학교폭력의 가해자가 될 수 있나요?

변호사   네. 성인도 학교폭력의 가해자가 될 수 있습니다.

관련법 학교폭력 예방 및 대책에 관한 법률 제2조 1항

학생 사이에서 발생한 것만 학교폭력?

학교폭력의 정의는 무엇일까요? 어디서부터 어디까지를 학교폭력으로 볼까요? 이 질문에 대한 답은 학교폭력예방법 제2조를 통해 확인할 수 있습니다.

"학교폭력"이란 학교 내외에서 **학생을 대상으로** 발생한 상해, 폭행, 감금, 협박, 약취 · 유인, 명예훼손 · 모욕, 공갈, 강요 · 강제적인 심부름 및 성폭력, 따돌림, 사이버 따돌림, 정보통신망을 이용한 음란 · 폭력 정보 등에 의하여 신체 · 정신 또는 재산상의 피해를 수반하는 행위를 말한다.

위 조항에서는 학교폭력의 대상을 학생으로 규정하였습니다. 법률에서 열거한 행위에 의한 피해자가 학생이라면 학교폭력으로 볼 수 있습니다. 그러나 개정 전 법률에서는 학교폭력을 다음과 같이 정의했습니다.

개정 전의 법률은 학교폭력을 "학생 간에 발생한" 것으로 보았습니다. "학생 간에 발생한" 것과 "학생을 대상으로 발생한" 것은 큰 차이점이 있습니다. "학생 간에 발생한" 것은 가해자도 학생이어야 하고 피해자도 학생이어야 합니다. 하지만 "학생을 대상으로 발생한" 것은 가해자가 누구인지 상관없이 피해자가 학생이라면 학교폭력으로 보는 것입니다.

그렇다면 여기서 학교폭력의 대상인 '학생'의 범위는 어디까지일까요? 초등학생과 중학생, 고등학생 정도로 생각할 수 있지만 유치원생이나 대학생은 학생이라고 볼 수 있을까요?

이 부분에 대한 답을 얻기 위해 다시 법률을 봅시다. 학교폭력예방법은 명확하게 학생에 대한 규정을 정하지 않았습니다. 다만 학교폭력예방법 제2조에는 '학교'란 「초·중등교육법」 제2조에 따른 초등학교·중학교·고등학교·특수학교 및 각종학교와 같은 법 제61조에 따라 운영하는 학교를 말한다고 규정하고 있습니다.

이처럼 법률은 학교를 초등학교, 중학교, 고등학교까지로 보고 있습니다. 따라서 학생이라 함은 초등학교, 중학교, 고등학교에 다니는 사람(학적을 두고 있는 자)으로 볼 수 있을 것입니다. 따라서 학교폭력의 대상이 되는 학생은 초등학생, 중학생, 고등학생 정도로 볼 수 있고 유치원생, 대학생은 학생의 범위에 들어가지 않습니다.

예를 들어 놀이터에서 중학생이 유치원생을 때린 경우, 관련 법률상 학교폭력에는 해당되지 않습니다. 그런데 반대로 유치원생이 중학생을 때린 경우에는 학교폭력에 해당됩니다. 물론 중학생이 유치원생을 때린 경우에 학교폭력이 아니므로 학교폭력 사안 처리 절차대로 진행이 안 될 뿐이지 학교에서는 중학생에 대해 선도조치가 가능합니다.

처음 질문으로 돌아가서, 피해학생 학부모님이 가해학생을 교문에서 기다렸다가 다그쳤다면 구체적 행위에 따라서 학교폭력으로 볼 수 있습니다. 더군다나 이 경우 아동학대로 이어지는 위험한 상황일 수 있습니다. 담임선생님께서 인지했다면 이를 학교에 알리고 학교에서는 학교폭력 사안으로 접수하여 필요하다면 피해학생에게 보호조치를 해줄 수 있습니다.

하지만 성인이 학생에게 폭력 등을 행사한 것을 학교폭력으로 다루어야 할지는 생각해봐야 할 문제입니다. 학교는 성인에 대해 학교폭력 가해자로서 어떠한 조치도 취해줄 수 없고 그러한 권한도 없습니다. 실질적으로 가능한 것은 피해학생에 대한 학교의 보호조치 정도이지만, 이것도 학교 내 상담실에서 상담을 받게 해주거나 혹은 외부 심리상담 기관을 연계해주는 정도여서 도움이 될지는 의문입니다. 오히려 학교폭력 개념의 범위가 넓어서, 피해자가 학생이라면 학교는 예외 없이 학교폭력 사안 접수를 해야 하고, 학교의 업무만 과중하게 만들 뿐입니다. 이 부분은 앞으로 사회적 논의를 통하여 다시 한번 개념을 재정립할 필요가 있습니다.

🔎TIP 성인이 학교폭력의 가해자일 경우 학교가 조치해 줄 수 있나요?

아니요. 정확히 말하면 현재 학교폭력이 발생하면 교육장은 학교폭력 대책 심의위원회 요청에 의해서 가해학생, 피해학생에 대해 필요한 조치를 해줄 수 있습니다. 그러나 가해자가 성인일 경우에는 가해자에 대한 조치를 해줄 수 없습니다. 관련 법률에 성인에 대해 일정한 조치를 내릴 수 있는 근거가 없기 때문입니다. 가해자인 성인의 행위가 형사범죄에 해당하면 수사기관을 통하여 형사처벌을 받게 할 수 있습니다.

학교폭력예방법의 정의: 행위

학생이 전화로 한 욕설,
학교폭력일까요?

👨‍💼 **교사**　평소에도 친하게 지냈던 학생 A와 학생 B는 오늘도 학교에서 있었던 일들을 신나게 얘기하던 중이었습니다. 그런데 학생 A가 학생 B에게 장난으로 "너무 나대지 마라. 그러다 훅 간다"라고 말하자 학생 B가 순간 욱하는 바람에 "XX 같은 X아 나 가 죽어버려. XX 뭔데 지랄이야"라고 했습니다. 여기까지가 담임교사가 학생 A로부터 학교폭력으로 신고받은 상황입니다. 물론 학생 B가 학생 A에게 욕을 한 것은 잘못이지만 학교폭력예방법에서 말하는 '모욕'에는 해당되지 않으니 학교폭력이라고 볼 수 없는 것 아닌가요?

👩‍💼 **변호사**　아니요, 그렇지 않습니다. 학교폭력 행위는 학교폭력예방법 제2조 1항에 열거된 행위와 그와 유사하거나 동등한 행위들로 볼 수 있습니다.

🗳 **관련법** 학교폭력 예방 및 대책에 관한 법률 제2조 1항

학교에서 빈번히 들려오는 욕설도
언어폭력

요즘 학생들이 사용하는 언어를 들어보면 여기는 도대체 어느 세상 인지 같은 언어를 사용하는 것이 맞는지 혼란스럽습니다. 말이 길다 싶 으면 바로 줄여버리고 어디서부터 온 건지 모르겠는 은어를 듣다 보면 도통 감도 잡히지 않습니다. 학생들조차 그것이 어디서 비롯되고 어떤 의미를 담고 있는지 모르고 사용하는 경우가 태반입니다. 실제로 매년 교육부에서 조사되는 학교폭력 실태조사를 보면 여러 가지 학교폭력 유형 중에서 언어폭력이 차지하는 비중이 제일 높습니다. 오히려 신체 폭력이 차지하는 비중은 낮아지고 있습니다.

구분	2013년 1차	2014년 1차	2015년 1차	2016년 1차	2017년 1차	2018년 1차	2019년 1차	증감(건)
언어폭력	13.6	9.4	6.8	6.2	6.3	8.7	8.1	−0.6
집단따돌림	6.6	4.6	3.6	3.3	3.1	4.3	5.3	1.0
스토킹	3.7	3.0	2.6	2.0	2.3	3.0	2.0	−1.0

구분	2013년 1차	2014년 1차	2015년 1차	2016년 1차	2017년 1차	2018년 1차	2019년 1차	증감(건)
사이버 괴롭힘	3.6	2.5	1.9	1.7	1.8	2.7	2.0	-0.7
신체폭행	4.7	3.1	2.4	2.2	2.2	2.5	2.0	-0.5
금품갈취	4.0	2.2	1.5	1.2	1.2	1.6	1.4	-0.2
성추행 · 성폭행	1.3	1.0	0.9	0.8	0.9	1.3	0.9	-0.4
강제심부름	2.4	1.3	0.9	0.8	0.7	1.0	1.1	0.1

〈학교폭력 실태조사 중 학생 천 명당 응답 건수〉[3]

질문으로 돌아가 보겠습니다. 담임선생님은 학생 A가 신고된 내용이 학교폭력이 맞는지 고민하고 있습니다. 우선 한 가지 말씀드리고 싶은 것은 학교폭력 여부를 판단해서 조치를 결정하는 것은 학교폭력 대책 심의위원회의 일입니다. 그 때문에 전담교사의 판단만으로 학교폭력 여부가 결정되지 않습니다.

위와 같은 상황이 과연 학교폭력에 해당할까요? 학교폭력예방법 제2조에 따르면 학교폭력의 행위는 "상해, 폭행, 감금, 협박, 약취 · 유인, 명예훼손 · 모욕, 공갈, 강요 · 강제적인 심부름 및 성폭력, 따돌림, 정보통신망을 이용한 음란 · 폭력 정보 등"에 의한 것이라고 정의하고 있습니다. 이는 학교 안팎에서 학교폭력으로 발생할 수 있는 행위들입니다만 사용된 용어들을 보면 대부분 형사상 처벌 대상이 되는 죄명들로 규정되어 있습니다. 가령 상해죄라든가 폭행죄 혹은 명예훼손죄, 모욕죄

---

3 교육부, 2019년 1차 학교폭력 실태조사 중 학생 천 명당 학교폭력 피해유형별 응답 건수, 2019. 8. 26.

처럼요.

그렇다면 학교폭력 행위에 해당하려면 형법상 죄가 성립하여야만 할까요?

그렇지 않습니다. 생각해보면 학생이 잘못을 저질렀을 때 학교는 교육적인 조치를 통해 자신이 한 행동이 어떠한 의미가 있는지 알게 하고 앞으로 잘못된 행동을 되풀이하지 않도록 해야 합니다. 따라서 학교폭력예방법도 이를 고려하여 학교는 피해학생 보호와 함께 가해학생에 대해서 선도조치를 하라는 취지로 제정되었습니다. 여기에 대해서 법원 역시 비슷한 취지로 결정을 내린 사례들이 있습니다[4].

학생 A가 학생 B에 대해 욕설 문자메시지를 전송한 것을 학교폭력으로 보아 조치를 내린 사안에서 학생 A 측은 욕설 문자메시지를 보낸 것은 공연성이 없어서 학교폭력법에서 규정하는 명예훼손이나 모욕에 해당하지 않아 학교폭력에 해당하지 않는다고 주장하였습니다.

그러나 법원은 이에 대해 다음과 같이 결정했습니다.

"학교폭력법의 목적 및 위 정의 규정의 문언을 살펴볼 때, 학교폭력은 위에서 나열한 폭행, 명예훼손 · 모욕, 따돌림 등에 한정되지 아니하고 이와 유사하거나 동질의 행위로서 학생의 신체 · 정신 또는 재산상의 피해를 수반하는 모든 행위를 포함한다고 할 것이고, 위에서 말하는 명예훼손 · 모욕 역시 형법상 명예훼손죄, 모욕죄와 동일하게 보아 그

---

4 서울행정법원 2014. 6. 20. 선고 2014구합250 판결【봉사명령등취소】

성립요건 구비 여부에 따라 판단할 것이 아니라 학생의 보호 및 교육 측면에서 달리 해석하여야 할 필요가 있다."[5]

법원은 형사처벌 대상이 되기 위해서 형법상 그 성립요건을 구비해야 하는데 학교폭력법의 목적 및 정의 규정 문언을 볼 때 이를 학생의 보호 및 교육 측면에서 달리 해석하여야 한다고 보고 있습니다. 법원은 비록 위 사안처럼 욕설 문자를 전송하는 행위가 형사처벌이 되는 명예훼손이나 모욕에는 해당하지 않을지라도 그 행위 자체가 학생의 보호 및 교육적인 측면에서 볼 때 법률에서 정의한 행위와 유사하거나 동질의 행위로 볼 수 있으므로 학교폭력이 될 수 있다고 보았습니다.

결국 어떠한 행위가 학교폭력에 해당하는지 여부는 담임교사, 전담교사, 학교장, 전담기구에서 판단하는 것은 아닙니다. 학교폭력 대책심의위원회에서 심의 위원들이 심의와 의결을 거쳐 관련 법률에 근거하여 판단하게 됩니다. 다만 학교폭력 행위인지 여부를 판단할 때 학교폭력으로 주장하는 행위를 형사처벌 대상으로 보고 조치를 결정하는 것이 아니라 학교폭력예방법에서 추구하는 목적에 맞게 교육적인 측면에서 해석하고 판단할 것입니다. 친구에게 욕을 하거나 욕설 문자를 보내는 행위가 비록 형사상 모욕죄는 안 될지라도 그와 유사하거나 동등한 성질의 행위로 볼 수 있고, 교육적인 측면에서 선도할 필요성이

---

5 서울행정법원 2014. 6. 20. 선고 2014구합250 판결【봉사명령등취소】

있다면 그 역시 학교폭력이 될 수 있습니다.

🔖TIP 학교폭력예방법 제2조 1호에 열거된 행위만 학교폭력에 해당되나요?

아니요. 그렇지 않습니다. 열거된 행위 등에 한정하지 않고 그와 유사하거나 동질의 행위로서 학생의 신체, 정신 또는 재산상의 피해를 수반하는 모든 행위를 포함합니다.

참고판례: 창원지방법원 2015. 8. 25. 선고 2015구합170 판결
　　　　【서면사과처분취소】
"학교폭력예방법 제2조 제1호는 "학교폭력"이란 학교 내외에서 학생을 대상으로 발생한 상해, 폭행, 감금, 협박, 약취 · 유인, 명예훼손 · 모욕, 공갈, 강요 · 강제적인 심부름 및 성폭력, 따돌림, 사이버 따돌림, 정보통신망을 이용한 음란 · 폭력 정보 등에 의하여 신체 · 정신 또는 재산상의 피해를 수반하는 행위를 말한다."고 규정하고 있다. 학교폭력예방법의 목적 및 위 규정의 문언을 고려할 때, **학교폭력은 위에서 나열한 폭행, 명예훼손 · 모욕, 따돌림 등에 한정되지 아니하고, 이와 유사하거나 동질의 행위로서 학생의 신체 · 정신 또는 재산상의 피해를 수반하는 모든 행위를 포함한다고 봄이 타당하다.**"

학교폭력예방법의 정의: 따돌림

자신과 놀아주지 않는다며
다른 학생을 신고하려는 아이, 괜찮나요?

교사 어느 날 반에서 조용하던 학생 A가 담임인 저에게 찾아와 같이 다니던 아이들이 자기와 놀아주지 않는다고 울먹이며 상담을 요청해 왔습니다. 저는 일단 아이를 다독이며 어떠한 상황인지 들어보았는데 평소에 잘 놀았던 아이들이 언제부터인가 자신과 놀아주지 않아 소외감을 느낀다는 것입니다.

그래서 저는 관련된 아이들을 불러 자초지종을 들어보았습니다. 그런데 그 아이들도 나름대로 A와 친해져 보려고 노력했지만 A와 성격이 맞지 않아 자연스레 멀어졌다는 것입니다.

상담을 마친 저는 고민에 빠졌습니다. 과연 이것을 학교폭력으로 신고해야 할지, 아니면 회복적 생활교육 차원에서 지도하고 끝내야 할지 고민이 됩니다. 다른 아이들이 같이 놀아주지 않은 경우도 따돌림일까요?

변호사 아닙니다. 단순히 같이 놀아주지 않았다는 사실만으로 따돌림으로 보기 어렵습니다. 하지만 담임선생님은 학생의 상황을 상담을 통해 구체적으로 알아봐야 할 필요가 있습니다.

> 🟫 **관련법** 학교폭력예방법 제2조 1의2, 1의3.

'따돌림'은 신중하고 세심하게
대응해야 합니다

새 학기가 시작되어 반이 편성되면 학생들 사이에 존재하는 서먹서먹함도 잠시, 점차 소규모 무리가 형성됩니다. 서로 '같이 노는' 그룹이 형성되면 그 그룹의 성격에 따라서 끈끈할 수도 있고 아니면 쉽게 와해될 수도 있습니다. 그렇게 형성된 그룹 안에서도 갈등은 존재합니다. 그러한 갈등이 어떤 식으로 해결되는지에 따라 다시 끈끈한 그룹으로 형성되거나 '왕따'로 이어지게 됩니다. 특히 최근에는 스마트폰이나 소셜미디어의 발달로 그 공간이 비단 학교만이 아니라 사이버 공간으로 옮겨져 더 큰 피해가 발생하고 있습니다.

서울대학교 언론정보연구소에서 발간한 언론정보연구 중 한국 청소년의 집단 따돌림에 대한 심층인터뷰 연구를 보면 한국 청소년의 따돌림에 대한 특징은 크게 두 가지로 나눌 수 있는데 외톨이형 따돌림과 관계형 따돌림으로서, 특히 관계형 따돌림은 그 방법이 징벌 도구의 형태로 발생하는 것이 특징이라고 합니다[6].

학교폭력예방법에는 따돌림에 대해 "학교 내외에서 2명 이상의 학생들이 특정인이나 특정집단의 학생들을 대상으로 지속적이거나 반복적으로 신체적 또는 심리적 공격을 가하여 상대방이 고통을 느끼도록 하는 일체의 행위"라고 규정하고 있습니다.

만약 따돌림이 발생했다면 그 사건이 따돌림에 해당하는지 여부를 판단하기 위해서 법에서 정한 요건들을 충족하는지 따져보아야 합니다. 요건에 대해 하나하나 살펴보도록 하겠습니다.

법에서는 따돌림을 2명 이상의 학생들이 하는 것으로 정해 놓았습니다. 따라서 혼자 다른 학생을 따돌리는 것은 '따돌림'에 해당하지 않습니다. 한 학생이 주도해서 다른 학생들과 함께 따돌려도 2명 이상이므로 이러한 경우라면 따돌림에 해당됩니다.

따돌림의 피해자는 꼭 한 학생만 해당하는 것이 아니라 특정인 혹은 특정 '집단'이 될 수도 있습니다. 꼭 피해자가 한 학생만이라고 볼 수 없습니다. 더불어 다른 학생을 괴롭힐 목적으로 어느 정도 지속적이거나 반복적으로 이루어져야 합니다. 단순히 한 번 같이 놀지 않았다고 하여 그것을 따돌림으로 보기는 힘들 겁니다. 그렇다고 정확히 몇 회 이상이 되면 따돌림으로 보아야 하는지 그 횟수를 정하기도 힘들죠. 다만 그 지속성이나 반복성은 구체적인 사안에 따라서 사안마다 그 정도를 판단하

---

6 이지영, 권예지, 고예나, 김은미, 나은영, 박소라(2016). "한국 청소년의 집단 따돌림에 대한 심층인터뷰 연구, 따돌림의 유형화 및 소셜미디어의 역할을 중심으로", 언론정보연구, 53-1, pp.267~309. 서울대학교 언론정보연구소(HTTP://ICR.SNU.AC.KR/JCR).

여야 할 것입니다.

따돌림은 신체적인 고통을 주는 행위만이 아니라 심리적인 고통을 주는 행위도 포함합니다. 또한 따돌림은 사이버상에서도 발생하므로 법률에서도 역시 이에 관해 규정해 놓았습니다.

"사이버 따돌림"이란 인터넷, 휴대전화 등 정보통신기기를 이용하여 학생들이 특정 학생들을 대상으로 지속적, 반복적으로 심리적 공격을 가하거나, 특정 학생과 관련된 개인정보 또는 허위사실을 유포하여 상대방이 고통을 느끼도록 하는 일체의 행위를 말한다.

위와 같은 상황이 벌어지면 담임교사의 고민은 깊어질 겁니다. 학생들과의 갈등이 발생한 경우 이를 해결할 수 있도록 도와주는 것 역시 교육이겠지요. 분명히 학생들 역시 교우관계에 있어 갈등도 있고 그에 대한 고민도 하고 있을 테니까요. 이때 담임교사로서 고민을 들어주고 이를 교육적인 방법으로 해결할 수 있도록 도와주는 것에 그칠지, 아니면 이를 학교폭력 사안으로 보고 신고할지는 구체적인 상황에 따라 달라질 것이라 생각합니다. 상담을 통해 단순한 학생 간 갈등이 아니라 괴롭히거나 고의적으로 따돌린 정황을 발견했다면 학교폭력으로 신고해야 하고 단순히 교우관계의 문제라면 그에 따른 교육적인 방법을 선택해야 할 것입니다.

학교폭력예방법의 정의: 성 사안

남학생이 여학생에게
성희롱 문자를 보냈습니다.

교사 최근에 한 여학생으로부터 학교폭력 신고를 받았습니다. 같은 반 남학생들끼리 모인 단톡방에서 자신의 신체에 대한 품평회를 하면서 성적인 대화를 나누었다는 것입니다. 그 대화 내용이 캡처된 사진을 입수한 여학생이 큰 충격을 받고 담임교사인 제게 신고했습니다. 내용으로는 성 사안인 것 같은데 이 경우 저는 어떻게 해야 할까요?

변호사 성범죄를 인지한 학교는 신고의 의무가 있습니다. 동시에 학교폭력 사안으로 접수해야 합니다. 단, 성범죄가 아닌 성사안은 신고의 의무가 없습니다. 이 경우에도 학교폭력 사안으로 접수해야 합니다.

> **관련법** 학교폭력예방법 제5조, 아동, 청소년의 성보호에 관한 법률 제34조

학교 현장에서 날로 늘어가는
성범죄의 대처 방안은?

최근에는 거의 모든 학생이 스마트폰을 사용합니다. 스마트폰과 관련된 학교폭력 발생 건수가 꾸준히 증가하고 있습니다. 특히 사이버 폭력은 피해가 심각합니다. 몰래 사진이나 동영상을 찍어 이를 돌려 본다든가 위의 사례처럼 단톡방이나 SNS상에서 성적인 농담이나 성희롱을 하는 경우가 빈번히 일어나고 있습니다.

당연히 성폭력도 학교폭력에 해당합니다. 학교폭력예방법도 성폭력을 학교폭력의 한 유형으로 정의해 놓았습니다.

"학교폭력"이란 학교 내외에서 학생을 대상으로 발생한 상해, 폭행, 감금, 협박, 약취·유인, 명예훼손·모욕, 공갈, 강요·강제적인 심부름 및 **성폭력**, 따돌림, 사이버 따돌림, 정보통신망을 이용한 음란·폭력 정보 등에 의하여 신체·정신 또는 재산상의 피해를 수반하는 행위를 말한다.

성폭력이 학교폭력에 해당하는 것은 당연한 일인데 학교폭력예방법을 보면 다음과 같은 규정이 있습니다.

제5조(다른 법률과의 관계)
② 제2조 제1호 중 성폭력은 다른 법률에 규정이 있는 경우에는 이 법을 적용하지
아니한다.

위 법률을 보면 의아하게 생각하실 수 있습니다.

분명히 성폭력 역시 학교폭력에 해당한다고 명시해 놓았는데 제5조
에는 다른 법률에 규정이 있는 경우에 이 법을 적용하지 아니한다는 건
학교폭력예방법 적용을 하지 말라는 의미인가? 그렇다면 성폭력은 학
교폭력 절차로 처리하지 말라는 의미인가? 하는 생각이 들게 됩니다.

전혀 그렇지 않습니다. 보통 문제가 발생하고 법률을 적용할 때 그 사
안에 대해 특별법이 있으면 특별법을 우선 적용하고, 특별법이 없으면
일반법을 적용하는 것이 기본 원칙입니다. 즉, 어떠한 사안에 대해서 어
떠한 법률을 적용해야 하는지에 대한 우선순위의 문제가 있습니다.

위 학교폭력예방법 제5조에서는 법률 적용의 우선순위를 정하였습
니다. 학교폭력으로서 성폭력이 발생했을 경우에는 성폭력을 규정하
는 법률이 있다면 이 법보다 우선해서 적용한다는 것입니다. 성폭력은
강간, 강제추행과 같은 형법상 범죄와, 성희롱처럼 형법상 범죄가 되지
않는 행위를 통칭하고 있습니다. 따라서 범죄에 해당하는 성폭력은 형
법이나 성폭력범죄의 처벌 등에 관한 특별법 등을 먼저 적용해야 합니
다. 성폭력과 관련된 법률을 적용하고 그 법률에 규정해 놓은 것이 없

을 경우에 학교폭력예방법에서 정한 절차대로 사안을 처리해야 함을 의미합니다. 따라서 학교폭력에 대한 사안 처리는 다른 법률 규정에 없으므로 학교폭력 예방법에서 정한 절차대로 조치를 해야 합니다.

학교폭력으로서 성폭력이 발생한 경우에는 이와 더불어 학교에서 꼭 해야 할 의무가 한 가지 더 있습니다. 바로 '신고'의 의무입니다. '아동, 청소년의 성보호에 관한 법률'을 살펴보면 학교는 아동, 청소년 대상 성범죄의 발생 사실을 알게 된 때에는 즉시 수사기관에 신고해야 합니다[7].

아동학대를 다룬 부분에서 다시 설명하겠지만, 학교에서는 학생을 대상으로 성범죄가 발생한 사실을 알게 되었거나 혹은 아동학대가 발생한 사실을 알게 된 때 또는 의심스러운 경우 기관에 신고해야 할 의무가 있습니다. 만약 이를 어길 시에는 신고 의무자는 과태료를 부과받을 수 있습니다.

그런데 여기에서 성 사안, 성폭력, 성범죄 등 용어의 구분을 명확히 할 필요가 있습니다. 성 사안이라고 하여 모두 성범죄가 되는 것은 아닙니다. 엄밀히 말하면 성폭력과 성범죄도 동일한 개념으로 볼 수 없습

---

7 아동청소년의 성보호에 관한 법률 제34조(아동ㆍ청소년대상 성범죄의 신고) ② 다음 각호의 어느 하나에 해당하는 기관ㆍ시설 또는 단체의 장과 그 종사자는 직무상 아동ㆍ청소년 대상 성범죄의 발생 사실을 알게 된 때에는 즉시 수사기관에 신고하여야 한다.
  2. 「초ㆍ중등교육법」 제2조의 학교 및 「고등교육법」 제2조의 학교

니다.

처음 질문으로 돌아가 봅시다. 남학생들만 있는 단톡방에서 여학생의 신체를 품평하거나 성적인 농담을 했다면 성과 관련된 사안은 될 수 있어도 성범죄는 아닙니다. 만약 여학생이 그 단톡방에 함께 있는 경우에 그러한 일이 발생했다면 그것은 성범죄에 해당할 수 있습니다[8]. 따라서 전자는 성범죄가 아니므로 신고의 대상이 아니지만 후자는 성범죄에 해당하므로 신고의 대상이 됩니다.

또한 이런 행위를 정보통신망을 이용하지 않고 다른 학생에게 직접적으로 성희롱을 하기도 합니다. 이 경우도 법에서 정한 신고의 대상이 되는 성범죄에 해당하지 않습니다. 하지만 성 관련 사안이고 성폭력에 해당하므로 학교폭력으로 처리해야 합니다.

---

8 아동 · 청소년의 성보호에 관한 법률 2. "아동 · 청소년대상 성범죄"란 다음 각 목의 어느 하나에 해당하는 죄를 말한다. 나. 아동 · 청소년에 대한 「성폭력범죄의 처벌 등에 관한 특례법」 제3조부터 제15조까지의 죄
「성폭력범죄의 처벌 등에 관한 특례법」 제13조(통신매체를 이용한 음란행위) 자기 또는 다른 사람의 성적 욕망을 유발하거나 만족시킬 목적으로 전화, 우편, 컴퓨터, 그 밖의 통신매체를 통하여 성적 수치심이나 혐오감을 일으키는 말, 음향, 글, 그림, 영상 또는 물건을 상대방에게 도달하게 한 사람은 2년 이하의 징역 또는 500만 원 이하의 벌금에 처한다.

Chapter 2

학교폭력의
사안 인지부터
조치 결정까지

학폭발생 시 담임의무

아이들 싸움, 담임 생활지도 선에서 끝내도 될까요?

교사 반에서 아이들이 사소하게 다툽니다. 특히나 초등학교 저학년 아이들 같은 경우에는 서로 놀다가 옥신각신하는 경우가 많습니다. 담임교사로서 반에서 일어나는 모든 다툼을 학교폭력으로 처리해야 할지 고민입니다. 특히나 초등학교 저학년 아이들 같은 경우에는 이후에 또 언제 그랬냐는 듯 잘 지냅니다. 이런 경우에도 담임교사가 서로 화해하게 하고 사안을 끝낼 수 있을까요?

변호사 학교폭력예방법에 의하면 누구든지 학교폭력 현장을 보거나 알게 된 자는 학교 등 관계 기관에 즉시 신고하도록 되어 있고 교원이 학교폭력의 예비, 음모 등을 알게 되었을 경우에는 학교의 장에게 보고하고 해당 학부모에게 알리도록 되어 있습니다.

> **관련법** 학교폭력예방법 제11조 10항, 학교폭력예방법 제20조 1항

사소한 다툼도
학교폭력 신고로부터

학교폭력예방법에는 "학교폭력 현장을 보거나 그 사실을 알게 된 자는 학교 등 관계기관에 이를 즉시 신고하여야 한다"라는 규정이 있습니다. 누구든지 학교폭력이 발생한 사실을 알게 된 때는 신고하여만 합니다. 다만, 신고를 하지 않아도 이를 처벌하는 규정은 두고 있지 않습니다.

그렇다면 교사의 경우는 어떨까요? 학교폭력 사안을 처리하면서 학교는 항상 축소, 은폐의 문제를 염두에 두어야 합니다. 학교폭력은 중요한 사안이므로 이를 축소하거나 은폐할 때는 크게 문제가 될 수 있습니다. 그 때문에 이를 제재하는 규정을 여럿 두고 있습니다. 교육감은 관할 구역에서 학교폭력이 발생한 때에 학교장이나 소속 교원이 그 경과 및 결과를 보고할 때 축소 및 은폐를 시도한 경우에는 징계위원회에 징계의결을 요구하여야 합니다[9].

여기서 주목해야 할 점은 징계의결을 '요구할 수 있는 것'이 아니라 징계의결을 '요구하여야만 한다'는 점입니다. 또한 축소 또는 은폐의 사실이 확인될 경우 징계의결을 요구받은 해당 교육공무원에 대해서는 (사립학교 교원에 대해서도 동등하게 적용) 징계기준보다 1단계 더 높은 징계를 의결할 수 있습니다. 그만큼 학교폭력의 축소 또는 은폐는 학교폭력 사안 처리 시 중요한 문제라서 담당교사나 학교에서는 항상 주의 깊게 사안을 처리해야 합니다.

예를 들어 학교폭력 사안 신고를 받았지만 접수를 하지 않았거나, 여러 건의 폭행이 있었음에도 의도적으로 횟수를 줄여 처리하거나 하는 경우입니다.

하지만 학교 현장에서 학생 간의 갈등은 교실 안이나 교실 밖에서 항상 존재합니다. 이러한 갈등을 해결해 나가는 방법은 여러가지가 있을 수 있습니다. 선생님의 지도 아래 갈등이 있는 아이들을 화해시키거나, 아이들 스스로 서로의 잘못을 인정해서 갈등을 해결하거나, 혹은 학교폭력 사안으로 접수하여 법률에서 정한 절차를 거치기도 합니다.

법률에서 정한 사안 처리 방식은 학교 현장에서 문제점이 발생하였을 때 이를 해결할 수 있는 방법 중 하나입니다. 그러나 현재의 법률 체

---

9 학교폭력예방법 제11조(교육감의 임무) ⑩ 교육감은 관할 구역에서 학교폭력이 발생한 때에 해당 학교의 장 또는 소속 교원이 그 경과 및 결과를 보고함에 있어 축소 및 은폐를 시도한 경우에는 「교육공무원법」 제50조 및 「사립학교법」 제62조에 따른 징계위원회에 징계의결을 요구하여야 한다. 〈신설 2012. 3. 21.〉

제 아래서는 학교에서 발생하는 갈등, 특히 학생들 간에 발생하는 갈등을 오로지 학교폭력 사안 처리 절차로 해결할 수밖에 없다는 점은 안타깝습니다. 어찌 보면 교육적인 목적의 화해나 반성 등의 기능은 사라지고 학교폭력으로 신고하여 처리하는 기능만이 남게 되어, 담임 교사들도 이러한 문제에 부딪힐 때 학교폭력의 축소, 은폐를 신경 쓰다 보니(물론 학교폭력에 있어서 축소, 은폐 문제는 분명 중요한 문제입니다) '될 수 있으면 학교폭력으로'라는 마음을 갖게 됩니다. 그러다 보니 학교는 점점 더 날선 공방, 더 나아가서는 법적 분쟁의 장이 되어버리는 것이지요.

법에서는 분명 학교폭력으로 인지한 경우에는 신고하도록 되어 있습니다. 이 때문에 학교폭력이 발생한 것을 알게 되었다면 신고하셔야 합니다. 물론 앞서 설명한 것처럼 2019년 법률 개정으로 가벼운 학교폭력에 대해서는 심의위원회가 아닌 학교장 자체종결로 해결할 수 있습니다.

이 부분에 대해서는 상황에 따라 담임교사의 현명한 선택으로 문제를 해결해 나가야 한다는 정도로 말씀드릴 수밖에 없을 것 같습니다. 다만 한 가지 바람은 학교는 교육기관이므로 갈등의 해결 방식도 교육적인 목적에 적합하게 이루어져야 한다는 것입니다. 학교폭력은 법률 전문가보다는 선생님들이 문제를 해결하는 공간이 되었으면 하는 바람입니다.

학폭처리절차

학교폭력 사안 접수 후
어떠한 절차를 거치게 되나요?

교사   담임교사로서 반에서 학교폭력이 발생하면 담당 교사에게 알리고 그다음은 전담기구 차원에서 사안을 처리하겠지만 그래도 학부모들은 앞으로 어떻게 될지 설명을 듣고 싶어 합니다. 학부모들에게 전반적인 사안 처리 과정을 설명해드리고 싶은데 학교폭력예방법이 개정되었다고 들었습니다. 개정된 학교폭력예방법에 따른 사안 처리 과정을 설명해주세요.

변호사   학교폭력 사안 접수 → 전담기구 사실확인 → 전담기구 심의 → (피해학생 및 보호자 학교의장 자체해결 동의, 경미한 학교폭력) 학교의장 자체해결 → 사안 종결

혹은 (피해학생 및 보호자 학교의 장 자체해결 동의 하지 않음 혹은 경미한 학교폭력 아님) 학교폭력 대책 심의위원회 요청 → 학교폭력 대책 심의위원회 개최, 조치 결정, 교육장에게 조치 요청 → 교육장은 요청된 조치 결과를 해당 학교와 관련 학생 및 보호자에게 통보

📖 **관련법** 학교폭력예방법 제19조, 제20조

경미한 학교폭력은 학교장 자체해결로, 학교폭력조치는 학교폭력 대책 심의위원회에서!

학교폭력 사안이 접수되면 법률에서 정한 절차대로 진행 과정을 관련 학부모님에게 정확하게 전달해야 합니다. 학교에 학부모가 자주 제기하는 민원에는 "학교에서 어떠한 절차로 사안을 처리하는지 알려주지 않았고 심의위원회 참석했더니 이상한 조치만 나왔더라" 혹은 "담임선생님에게 어떻게 진행되는지 물어도 대답도 해주지 않고 담당 교사에게 질문해도 정확하게 안내를 해주지 않는다"가 대표적입니다. 더불어 최근 법률도 크게 개정되었지요.

상세한 학교폭력 사안 처리 절차는 다음과 같습니다.

학교에서는 학교폭력을 인지한 즉시 학교폭력 사안으로 접수한 다음 학교장에게 보고합니다. 보고된 사실에 대해 학교장은 학교 안의 전담기구에서 가해 및 피해 사실을 확인하도록 합니다. 필요한 경우에는 담임교사 역시 사실확인을 하도록 할 수 있습니다.

전담기구에서는 사실확인을 하고 난 이후 심의를 합니다. 전담기구 심의는 학교장 자체해결이 가능한지에 관한 것입니다. 전담기구에서는 법률에서 정한 요건을 심의하고 심의된 내용을 피해학생 및 보호자에게 알려 학교폭력 대책 심의위원회 개최 여부 의사를 묻습니다.

만약 피해학생 및 보호자가 학교폭력 대책 심의위원회 개최를 원하지 않고 학교장 자체해결을 원하는 경우에는 동의를 얻어 학교장 자체 종결로 해결합니다. 학교장 자체해결을 원하지 않는 경우에는 학교폭력 대책 심의위원회 개최를 지역 교육지원청에 요구합니다.

지역 교육지원청은 학교장의 요구를 받아들여 학교폭력 대책 심의위원회 개최를 결정하고 해당 학부모에게 개최 날짜 장소 사안의 개요 등을 알 수 있게 서면으로 통보하게 됩니다. 학교폭력 대책 심의위원회가 개최되면 피해, 가해 학생 및 보호자는 참석하여 의견을 진술하고 심의위원회 위원들은 해당 학교 전담기구에서 조사된 사실과 회의 당시 참석한 당사자들의 의견을 참고하여 조치를 심의, 결정합니다. 심의 결정된 내용은 최종적으로 교육장의 이름으로 학교와 관련 학생 및 보호자에게 통보됩니다.

하나하나 살펴보면, 우선 누구든지 학교폭력 사실을 알게 된 경우에는 '즉시' 신고하여야 하고 신고를 받아 학교폭력 사안을 인지한 교원은 학교장에게 보고해야 합니다. 보고를 받은 학교장은 이를 교육감에게 보고하여야 합니다[10]. '즉시'는 시간적으로 거의 사안 발생과 근접한 시간을 의미하므로 특별한 사정이 없는 한 신고는 신속히 이루어져야 합니다.

신고를 받은 학교에서는 가해학생 및 피해학생의 보호자에게 통보하여야 합니다. 신고를 받은 학교장은 전담기구 혹은 소속 교원을 통하여 사실확인을 하도록 하는데 보통 관련된 학생을 통해 사실 확인을 합니다. 이때 보호자의 동의는 꼭 필요한 사항이 아닙니다. 보호자의 동의 없이도 사실확인을 할 수 있습니다. 하지만 이는 상황에 따라서 달라질 수 있습니다. 가령 학교폭력이 초등학교 저학년에서 일어난 경우에는 상황에 따라서 관련 보호자의 동의가 필요한 경우도 있을 수 있으나 필요 사항은 아닙니다.

또한 전담기구 및 담임교사의 활동 내용들은 가능하면 서면으로 남겨 놓는 것이 좋습니다. 이러한 자료들은 추후에 심의위원회에서 관련 학생들에 대한 조치를 취할 때 필요한 참고 사항이기 때문입니다. 전담기구에서 얼마나 조사가 잘 이루어졌는지에 따라 심의위원회에서 해당 학생들에 대한 조치 결정을 적합하게 할 수 있습니다.

전담기구에서 절차를 진행할 때 보호자와의 커뮤니케이션은 매우 중요합니다. 종종 이러한 커뮤니케이션이 잘 이루어지지 않아 학부모들

---

10 학교폭력예방법 제19조(학교의 장의 의무) ③ 학교의 장은 교육감에게 학교폭력이 발생한 사실과 제13조의2에 따라 학교의 장의 자체해결로 처리된 사건, 제16조, 제16조의2, 제17조 및 제18조에 따른 조치 및 그 결과를 보고하고, 관계 기관과 협력하여 교내 학교폭력 단체의 결성예방 및 해체에 노력하여야 한다. 제20조(학교폭력의 신고의무) ① 학교폭력 현장을 보거나 그 사실을 알게 된 자는 학교 등 관계 기관에 이를 즉시 신고하여야 한다.

의 민원이 발생하곤 합니다. 간혹 무리한 요구를 하는 학부모들도 있지만 최대한 수용 가능한 범위 내에서만 들어 주되 규정된 법률 절차를 넘어서는 요구에 대해서는 정중하게 거절하고 학교폭력 사안 처리가 법률 절차에 따라 이루어짐을 확인시켜 드려야 합니다.

전담기구에서 사실확인이 끝나고 학교폭력 대책 심의위원회 개최가 요청되면 기존과는 달리 개정된 법률에 따라 교육지원청에 구성되어 있는 학교폭력 대책 심의위원회에서 심의를 통하여 피해학생 보호조치와 가해학생 선도조치를 결정합니다. 학교폭력 대책 심의위원회에서 조치가 결정되면 교육장에게 해당 조치를 요청하게 되고 교육장은 해당 학교와 관련 학생 및 학부모에게 조치 결정을 통보합니다. 해당 학교는 조치를 이행하고 난 후 그 결과를 보고합니다.

조치 결정이 난 이후에 관련 학부모가 조치 결정에 대한 불복절차를 진행할 수 있습니다. 마찬가지로 기존에는 학교장을 상대로 행정심판이나 행정소송과 같은 불복절차를 진행하였지만 법률 개정 후에는 조치 처분을 내린 교육장을 상대로 권리불복 절차를 진행하여야 합니다.

마지막으로 관련 학생 보호자들은 학교폭력으로 사안을 접수하면 무조건 학교폭력 대책 심의위원회가 열려 조치를 받게 된다는 생각을 가지고 있는 경우가 있습니다. 하지만 위에서 본 것처럼 학교폭력으로 사안 접수가 된다 하여도 피해학생 및 보호자의 의사에 따라 가벼운 학교폭력이라면 학교장 자체해결을 할 수 있습니다. 경우에 따라 관련 학생 보호자는 학교폭력 사안 처리 절차를 부담스러워해 사안 접수를 원하지 않기도 합니다. 보호자가 원하지 않으니 학교로서는 사안 접수를 하지 않고 관련 학생 간의 화해로 문제를 해결할 수 있을까요? 그렇지 않습니다. 학교는 학교폭력 발생을 인지했다면 일단 사안을 접수하여 절차대로 처리하여야 합니다. 다만 보호자가 학교폭력 대책 심의위원회 개최를 원하지 않고 사안이 경미하다면 학교장 자체해결이 가능합니다. 종합해보면 보호자가 원하지 않더라도 학교폭력으로 사안을 인지한 이상 학교는 학교폭력 사안 처리 절차대로 진행하여야 하고 절차 내에서 관련 법률의 요건을 충족한다면 학교장 자체해결이 가능합니다.

교사의 중재 의무

가해학생 학부모가
중재를 강력히 원합니다

교사 학생 A는 모범생으로 평소에도 학교생활을 성실히 하는 학생입니다. 그런데 어느 날 쉬는 시간에 아이들이 복도에서 웅성거려 가보았더니 학생 A가 다른 아이를 때리고 있었고 이를 말리는 아이들과 뒤엉켜 있었습니다. 일단 아이들을 진정시키고 학생 A에게 자초지종을 물었지만 울먹거릴 뿐 대답을 하지 않았습니다. 일단 담임교사로서 학교폭력으로 신고하였습니다. 학교에서는 학생들을 불러 사실 확인을 하였고 학부모들에게도 유선상 알렸습니다. 놀란 학생 A의 학부모는 담임교사인 저에게 전화를 걸어와 피해학생 학부모와 만나게 해달라고 요청하였습니다. 그래서 피해학생 학부모에게 의사를 전달하였으나 피해학생 학부모는 만나기를 거절하였습니다. 이러한 사실을 가해학생 학부모에게 전달하였으나 가해학생 학부모는 담당 교사가 적극적으로 나서서 화해나 중재를 해줄 것을 요구하고 있습니다. 이런 학부모의 요구에 따라 화해나 중재를 진행하여야 할까요?

변호사 아니요. 학교의 적극적인 화해나 중재의 시도는 자칫 학교폭력의 축소나 은폐의 문제로 이어질 수 있습니다.

공정한 학교폭력 사안 처리
VS 적극적인 화해와 중재

학교폭력이 발생하여 사안을 접수하고 절차가 진행되는 가운데 가해학생 학부모는 피해학생 학부모를 만나 화해하고 싶어 하는 경우도 많습니다. 갈등이 심해져 서로 갈 때까지 가보자 하는 경우도 있습니다만 대부분 학부모는 아이들의 일이라 될 수 있으면 화해를 통해 사안이 잘 마무리되기를 원합니다.

학부모가 직접 만나서 이야기를 나누고 화해하는 경우도 있지만 그것이 어려운 경우에는 담임교사나 학교폭력 전담교사에게 화해의 의사가 있으니 학교에서 적극적으로 나서주기를 요청하는 학부모님들이 종종 있습니다.

문제는 이러한 의사를 전달하였을 때 피해학생 학부모님이 완강하게 나오는 경우 중간에서 담임선생님이나 전담교사가 곤란한 상황에 처합니다. 가해학생 학부모들 중에는 왜 학교가 이러한 일에 적극적으로 나서지 않아서 나중에 조치를 받을 때 아이에게 불리하게 작용하도록 방치하냐고 따지기도 합니다. 학교 측에서 적극적으로 나섰으면 학교폭력 대책 심의위원회도 안 열리고 좋게 해결될 문제를 소극적으로 대응하는 바람에 문제가 커졌다고 생각하시는 거죠. 실제로 이러한 학부모의 요청을 받아 학교에서 적극적으로 화해나 중재를 위해 나서면서 학교폭력 사안 처리를 늦추어 문제가 되었던 사례가 있었습니다[11].

그렇다면 학교는 적극적으로 나서서 화해나 중재를 해야 할 의무가 있을까요? 결론적으로는 그렇지 않습니다.

물론 학교가 화해나 중재를 해야 할 경우도 있습니다. 가령 신고 접수되어 학교폭력으로 사안 처리를 하는 와중에 가해학생 학부모와 피해학생 학부모의 의사가 화해로 일치될 때에는 학교에서 중재를 할 수 있습니다.

그러나 위에서 말하는 것처럼 피해학생 학부모의 화해 의사를 확인하지 못했거나 그럴 의사가 없는 경우에도 학교에서는 이를 화해시키거나 혹은 중재할 의무가 있을까요? 가해학생 학부모 입장에서는 학교에서 적극적으로 나서서 문제를 해결해주었으면 하는 바람도 있겠지만 반대로 피해학생 학부모로서는 학교의 적극적인 화해나 중재를 달리 생각할 가능성도 있습니다.

피해학생 학부모님 입장에서는 학교의 적극적인 화해나 중재의 의도

---

11 김민철, [태평리 학교폭력, 축소·은폐와 화해 권고 사이, 조선일보, 2017년 8월 7일 자.

가 학교폭력을 축소, 은폐하려는 것은 아닌지 충분히 오해할 수 있습니다. 또는 가해학생 입장에서만 이 문제를 바라보고 있다는 생각을 하게 할 수도 있고 이는 학교폭력 사안 처리에 있어 공정성을 해칠 수도 있는 문제입니다. 학교는 학교폭력 사안을 처리할 때 항상 공정한 입장을 견지해야 하므로 어느 한쪽의 요구만을 수용할 수 없습니다.

그렇다면 이러한 가해학생 학부모의 요청에 담임선생님이나 전담교사는 어떻게 대응할 수 있을까요?

학교는 피해학생 측과 가해학생 측의 메신저 역할을 할 수 있습니다. 가해학생 학부모가 화해의 의사가 있다고 한다면 이를 피해학생 학부모에게 전달합니다. 피해학생 학부모가 화해의 의사가 있음을 밝히면 학교에서는 이를 가해학생 학부모에게 전달하고 필요하다면 장소 제공을 할 수 있습니다. 학교에 양측 학부모를 불러 서로 간에 화해할 수 있도록 중재의 역할을 할 수 있습니다. 그러나 만약 피해학생 학부모가 화해의 의사가 없다고 하면 이를 가해학생 학부모에게 전달하면 됩니다.

학교폭력 사안을 처리할 때 축소, 은폐의 문제를 항상 경계해야 합니다. 만약 학교장 또는 소속 교원이 그 경과 및 결과를 보고할 때 사안을 축소, 은폐했다면 징계를 받게 됩니다.

학교는 학교폭력예방법을 준수해야 합니다. 공정함은 필수입니다. 물론 학교폭력 사안이 처리되는 과정에서 관련 학생과 보호자의 화해도 중요한 부분입니다. 새롭게 개정된 법률은 학교장 자체해결제를 도입하여 경미한 학교폭력의 경우 학교에서 자체해결할 수 있도록 하였습니다. 자체해결의 기본 요건은 관련 학생 및 보호자 간의 화해겠지요. 또한 학교폭력 대책 심의위원회에서 조치를 결정할 때 학생 및 보호자의 화해의 정도를 고려해야 합니다.

그러나 공정한 사안 처리와 당사자 사이의 화해 문제는 간극이 있을 수 있습니다. 학교가 당사자 간 의사에 상관없이 혹은 일방의 요구에 의해 화해에 적극적으로 나서게 된다면 축소, 은폐의 문제와 연결될 수도 있겠지요. 더 나아가 공정한 사안 처리라고 볼 수 없을 것입니다. 학교폭력이 발생했을 때 학교의 적극적인 대응이란 사안을 공정하게 바라보고, 정해진 절차대로 신속 정확하게 피해학생 보호와 가해학생 선도가 이루어지도록 하는 것입니다.

학교장 자체해결제

학교장 자체해결제란
무엇인가요?

 교사 평소 친한 사이였던 학생 A와 학생 B가 사소한 말다툼을 하다 감정이 격해진 학생 B가 학생 A의 뺨을 때렸습니다. 이를 알게 된 담임교사는 관련 내용을 학교폭력 담당 교사인 저에게 알렸고, 저는 이 사안을 학교폭력으로 신고 접수했습니다. 해당 사안을 접수하면서 A, B 학생들의 보호자에게 일어난 사실에 대해서 유선으로 상세히 알려 주었습니다. 전담기구에서 사실확인을 하는 와중에 피해학생 학부모가 아이들끼리 화해가 이루어졌고 학교폭력 대책 심의위원회까지 가지 않았으면 하는 의사를 밝혀 왔습니다. 피해학생 학부모의 요청대로 학교장 자체해결을 할 수 있을까요? 또, 모든 학교폭력에 대해서 학교장 자체해결이 가능한가요?

변호사 네. 학교장 자체해결이 가능합니다. 그러나 법에서 정한 '경미한' 학교폭력에 대해서만 학교장 자체해결이 가능합니다.

관련법 학교폭력예방법 제13조의 2

경미한 학교폭력에만
학교장 자체해결을!

학교폭력예방법은 여러 차례 개정이 이루어져 왔지만 2019년 8월 20일 개정에 이르러 학교장 자체해결제도가 명문화되었습니다[12]. 다만 경미한 학교폭력의 경우에만 학교장이 자체적으로 해결할 수 있도록 명시해 놓았습니다. 다음의 네 가지 요건을 만족하는 경우가 법률에서 정한 경미한 학교폭력에 해당합니다.

1. 2주 이상의 신체적·정신적 치료를 요하는 진단서를 발급받지 않은 경우
2. 재산상 피해가 없거나 즉각 복구된 경우
3. 학교폭력이 지속적이지 않은 경우
4. 학교폭력에 대한 신고, 진술, 자료제공 등에 대한 보복행위가 아닌 경우

---

12 학교폭력예방법 제13조의 2(학교의 장의 자체해결) ① 제13조 제2항 제4호 및 제5호에도 불구하고 피해학생 및 그 보호자가 심의위원회의 개최를 원하지 아니하는 다음 각호에 모두 해당하는 경미한 학교폭력의 경우 학교의 장은 학교폭력사건을 자체적으로 해결할 수 있다. 이 경우 학교의 장은 지체 없이 이를 심의위원회에 보고하여야 한다.

위 요건을 모두 만족하여야만 경미한 학교폭력에 해당되어 학교장의 자체해결이 가능합니다. 그 외의 사안에 대해서는 자체해결이 불가능합니다.

학교장이 자체해결하기 위해서는 피해학생 및 보호자가 심의위원회 개최를 원하지 않아야 합니다. 반대로 가해학생 및 보호자가 심의위원회 개최를 원하지 않아 학교장 자체해결을 원하더라도 피해학생 및 보호자가 자체해결 의사가 없다면 할 수 없습니다.

위 네 가지 요건에 해당하는 사안인지 여부는 전담기구에서 심의합니다. 전담기구는 학교폭력이 발생하였을 때 사실확인을 하는 것과 함께 학교장의 자체해결이 가능한지, 즉 경미한 학교폭력에 해당하는지 여부를 심의하여야 합니다. 학교장의 자체해결 요건에 맞아 자체해결이 가능하다고 하면 최종적으로 피해학생 및 보호자의 동의를 받아 자체해결할 수 있습니다.

그렇다면 학교폭력예방법이 개정되기 전에는 학교장 자체해결 제도가 없었을까요? 그렇지 않습니다. 법률에 명문화되기 전에도 학교장 자체해결제도[13]는 존재했습니다. 다만 법률이 아니라 교육부 지침상 존재하던 제도였습니다. 단순히 지침상 존재했던 제도이기 때문에 법률적인 효력은 없었습니다.

개정 전 학교폭력예방법에 의하면 학교폭력이 발생한 사실을 신고받거나 학교장이 보고받았을 때(개정되기 전 법률) 무조건 학교폭력 대책 자치위원회를 소집해야만 했습니다. 해마다 신고 · 접수되는 학교폭력 사안 건수가 한 해에도 적게는 수백 건, 많게는 수천 건이 접수되는 지역의 학교에서 모든 사건을 학교폭력 대책 자치위원회를 소집하여 처리하는 불가능에 가까운 일을 해왔습니다.

자치위원회를 개최하기 위해 준비해야 하는 여러 서류, 위원 및 당사자의 일정을 조율하고, 장소를 구비하여 위원회를 개최하기까지 학교에서는 행정력의 낭비라고 여길 만큼 소모적인 일을 부담했습니다. 나아가 학교로 신고되는 모든 학교폭력 사안을 학교폭력 대책 자치위원회 결정으로만 해결하는 것이 바람직한지 생각해봐야 합니다. 학교폭력의 해결에 화해는 사라지고 오직 위원회 결정에만 의존하면 학교폭력예방법의 취지가 몰각될 수도 있습니다. 앞서 언급했지만 이는 지침일 뿐이고 법률의 내용은 아니었던 거죠.

개정된 법률에는 학교폭력이 발생한 사실을 신고받거나 보고받은 경우(제13조 제2항 제4호) 혹은 가해학생이 협박 또는 보복한 사실을 신고받거나 보고받은 경우, 심의위원회를 꼭 소집하는 것이 아니라 학교장의 자체해결이 가능하다고 명시해 놓음으로써 기존 문제점을 법률적

---

13 법률이 개정되기 전 교육부 지침상 학교폭력 자체해결이 가능했던 경우
　①피해학생에게 신체, 정신 또는 재산상의 피해가 있었다고 볼 객관적인 증거가 없고, 즉시 잘못을 인정하여 상호 간에 화해가 이루어진 경우
　②제3자가 신고한 사안에 대한 조사 결과, 오인 신고였던 경우
　③학교폭력 의심 사안(담임교사 관찰로 인한 학교폭력징후 발견 등)에 대한 조사 결과, 학교폭력이 아니었던 경우

으로 해결했습니다.

경미한 학교폭력은 전담기구에서 요건에 해당하는지 심의해서 최종적으로 피해학생 및 보호자의 동의를 받아 학교장 자체해결할 수 있고 심의위원회를 개최하지 않고 종결됩니다.

경미한 학교폭력 사안을 학교장 자체종결로 해결하게 되었지만 이것이 가해학생과 피해학생이 진정한 화해의 길로 이끌지는 의문입니다. 앞서 설명했듯이 경미한 학교폭력에 해당하려면 '전치 2주 진단서'나 '경제적 복구에 대한 합의' 등의 요건만 담고 있어서 당사자 간 화해와 용서의 의미는 희미해졌습니다. 학교폭력이 발생하면 당연히 피해학생 보호와 가해학생에 대한 선도가 필요하지만 진정한 사과와 반성이 보인다면 이를 용서하고 화해로 나아가는 것 역시 배울 수 있어야 하지 않을까요. 학교폭력을 해결하는 유연하고 실효성 있는 제도로 현장에 안착하길 기대합니다.

학교폭력 사안 처리 과정에서 담임교사의 역할

담임교사가 학생들에게
진술서를 받을 수 있나요?

교사 학교폭력을 신고한 피해학생 A는 평소에도 담임교사와 친해서 학교폭력 신고도 담임교사에게, 상담도 담임교사에게 하고 진술서도 담임교사에게 제출하고 싶어 합니다. 학부모도 마찬가지여서 학교폭력 사안 처리 과정에서 필요한 일이 있으면 담임교사와 연락하기를 원합니다. 또한 이처럼 학교폭력 사안에 대해 전담기구에서 사실확인을 하다 보면 관련 피해학생, 가해학생뿐만 아니라 필요한 경우 상황을 목격한 학생들로부터 사실확인을 해야 하기도 합니다. 그렇다면 학교폭력 사안에 대한 사실확인은 꼭 전담기구에서 해야만 하는 것일까요? 즉 사실확인은 전담기구에 소속된 교사에 의해서만 이루어져야 할까요? 전담기구에 소속되지 않은 담임교사는 관련 학생들에게 사실확인을 하거나 진술서를 받을 수 없을까요?

변호사 가능합니다. 관련 법률에 따르면 담임교사 역시 학교폭력에 대한 사실확인을 할 수 있습니다.

관련법 학교폭력예방법 제14조 4항

학교구성원의 유기적인 협력으로
풀어나가는 학교폭력

전담기구는 교감, 전문상담교사, 보건교사 및 책임교사, 학부모 등으로 구성합니다. 단, 학부모는 전담기구 구성원의 3분의 1 이상이어야 합니다. 이 규정[14]은 2019년 8월 20일 개정되었습니다. 개정 전에는 해당 학교 소속 교원들로만 전담기구를 구성했었습니다.

전담기구는 학교폭력이 발생하면 가해 및 피해 사실 여부를 확인하여야 합니다. 더불어 학교장 자체해결 제도가 생기면서 전담기구에서는 학교장의 자체해결이 가능한지도 심의하여야 합니다.

그렇다면 전담기구에 소속되어 있지 않은 담임교사는 사실확인을 할

---

14 학교폭력예방법 제14조(전문상담교사 배치 및 전담기구 구성) ③ 학교의 장은 교감, 전문상담교사, 보건교사 및 책임교사(학교폭력문제를 담당하는 교사를 말한다), 학부모 등으로 학교폭력문제를 담당하는 전담기구(이하 "전담기구"라 한다)를 구성한다. 이 경우 학부모는 전담기구 구성원의 3분의 1 이상이어야 한다.
④ 학교의 장은 학교폭력 사태를 인지한 경우 지체없이 전담기구 또는 소속 교원으로 하여금 가해 및 피해 사실 여부를 확인하도록 하고, 전담기구로 하여금 제13조의2에 따른 학교의 장의 자체해결 부의 여부를 심의하도록 한다

수 없을까요? 이미 법률을 잘 읽어 본 분들은 아시겠지만 그렇지 않습니다. 법률에서 "학교의 장은 학교폭력 사태를 인지한 경우 지체 없이 전담기구 또는 소속 교원으로 하여금" 가해 및 피해 사실을 여부를 확인하도록 하고 있어 담임교사 역시 발생한 학교폭력 사안에 대해서 적극적으로 협조하여 사실확인을 할 필요가 있습니다.

일단 학교폭력으로 사안 접수 후 절차가 시작되면 전담기구가 중심이 되어 사안을 처리합니다. 전담기구에서 사실확인이나 관련 학생 보호자와의 연락 등 담임 교사의 역할이 필요하다고 판단할 수 있습니다. 이 경우 전담기구 내 학교폭력 전당교사와 담임교사는 충분한 의사소통을 통해 협업해야 합니다. 간혹 전담기구와 담임교사와의 커뮤니케이션이 잘 이루어지지 않아 서로 각자 관련 보호자에게 연락하거나 통일되지 않은 내용을 전달하다 보면, 연락을 받은 보호자는 사안 처리에 대해서 불신할 수 있고 이는 민원으로도 연결될 수 있습니다.

따라서 학교폭력 사안 처리를 할 때 대화 창구를 하나로 만드는 것이 혼란을 방지할 수 있습니다. 따라서 전담기구가 사안 처리의 주역할을 하고, 담임교사는 보완적 역할을 맡아 필요한 경우 전담기구의 요청에 따르는 것이 적절합니다. 결론적으로 담임교사는 사실확인을 위하여 학생들에게 진술서를 받을 수 있지만, 전담기구와 충분한 논의 후 상호 합의된 상태에서 이루어져야 합니다.

Chapter 3

학교폭력 조치
결정 이후

학교폭력 조치결정 이후 권리불복 절차

학폭위의 조치,
번복이 가능한가요?

교사   학생 B는 지속적으로 학생 A를 괴롭혀왔습니다. 봄에는 바람막이를 뺏고 여름엔 운동화를 뺏고 겨울에는 패딩도 뺏으며 학생 A가 주지 않으면 폭력도 휘둘렀습니다. 최근에서야 그 사실을 알게 된 A의 학부모는 학교폭력으로 신고해서 학교폭력 대책 심의위원회를 열어달라고 요청하였습니다. 학교폭력 대책 심의위원회가 개최되고 가해학생에게 출석정지 10일 조치와 함께 접촉, 협박 금지 조치까지 결정되었습니다. 그런데 A의 학부모가 가해학생 조치가 너무 가볍고 자신의 아이를 가해학생과 같은 학교에 같이 다니게 할 수 없다며 전학 조치를 해달라고 요구합니다. 더불어 더 내야 할 자료가 있었으나 미처 제출하지 못했으므로 학교폭력 대책 심의위원회를 다시 개최해달라며 민원을 제기하고 있습니다. 피해학생 학부모의 요청대로 조치를 변경하는 방법이 있을까요?

변호사   학교폭력예방법에 따라 행정심판이나 행정소송을 통하여 조치 변경을 요청할 수 있습니다.

 관련법 학교폭력예방법 제17조의2

학교폭력 대책 심의위원회의 결정,
바꿀 수 있습니다

학교폭력의 피해학생 보호조치와 가해학생의 선도조치가 결정된 이후의 이야기를 해 볼까 합니다. 2020년 3월 1일 이후에는 각급 학교에 있던 학교폭력 대책 자치위원회가 사라지고 각 지역 교육지원청에 설치된 학교폭력 대책 심의위원회에서 피해학생 보호 조치와 가해학생 선도 조치를 합니다.

조치를 받은 피해학생과 학부모 혹은 가해학생과 학부모는 조치가 만족스럽지 않을 수 있습니다. 몇몇 피해학생과 보호자는 가해학생에 대한 선도조치가 너무 약하다며 더 강력한 조치를 요구하고, 가해학생과 보호자는 학교폭력이 아닌데 조치가 나왔다거나 피해사실에 비해 조치가 너무 강하다며 목소리를 높입니다. 물론 대부분 학부모는 조치 결정을 받아들이고 학생들 역시 조치를 성실히 이행합니다.

조치 결정이 나온 이후부터 학교는 여러 가지 민원에 시달릴 수 있습니다. 조치 결정에 불만을 가진 학부모가 주로 제기하는 민원에는 부실한 사안조사를 문제삼거나, 전문성이 결여된 전문위원을 구성했다고 주장하거나, 절차상 통지를 받지 못하였다는 등 여러 가지가 있습니다. 급기야는 전부 다 잘못되었으니 처음부터 제대로 절차를 밟아 학교폭력위원회를 다시 열어달라고 합니다. 물론 이러한 요청에 겁먹으실 필요는 없습니다. 결정에 불복하는 절차 역시 법률에 명시적으로 규정되어 있습니다.

그럼 이제부터 학교폭력 조치가 나온 후 권리 불복 절차에 대해 알아볼까 합니다.

법률에 따르면 교육장이 내린 조치에 대하여 피해학생 또는 그 보호자는 자신에게 내려진 피해학생 보호 조치뿐만 아니라 가해학생 조치에 대해서도 행정심판을 청구할 수 있습니다. 반면에 가해학생 또는 그 보호자는 자신에게 결정된 조치에 대해서만 행정심판을 청구할 수 있습니다[15].

법률이 개정되기 전에는 재심이라는 절차가 있어 피해학생의 경우 피해학생 보호 조치와 가해학생에 대한 조치에 대해 재심으로 불복할 수 있었고 가해학생은 전학과 퇴학 조치에 대해서만 재심 청구가 가능

---

15 학교폭력예방법 제17조의2(행정심판) ① 교육장이 제16조제1항 및 제17조제1항에 따라 내린 조치에 대하여 이의가 있는 피해학생 또는 그 보호자는 「행정심판법」에 따른 행정심판을 청구할 수 있다.
② 교육장이 제17조제1항에 따라 내린 조치에 대하여 이의가 있는 가해학생 또는 그 보호자는 「행정심판법」에 따른 행정심판을 청구할 수 있다.

했습니다. 그러나 개정법에서는 재심이 사라지고 피해학생, 가해학생 모두 행정심판을 청구하도록 바뀌었습니다. 물론 행정심판을 거치지 않고 바로 행정소송을 할 수 있습니다.

개정 전에는 이러한 조치가 학교장의 권한으로 이루어지는 것이어서 학교를 상대로 행정심판이나 행정소송을 청구했지만 법률이 개정되고 난 후에는 관할하는 교육지원청의 교육장의 권한으로 조치가 이루어지는 것이어서 행정심판이나 행정소송의 상대방은 교육지원청 교육장이 됩니다. 드디어 학교가 학교폭력과 관계된 법적 분쟁의 당사자에서 벗어나게 되었습니다.

그렇다면 교육장이 이미 내려진 처분을 임의로 변경하거나 취소할 수 있을까요? 혹은 동일한 사안에 대해서 다시 심의위원회를 개최할 수 있을까요?

관련 법률의 해석상 어려울 것으로 보입니다. 법률에 의하면 피해학생과 가해학생에 대한 조치를 결정하는 것은 학교폭력 대책 심의위원회이고, 결정된 조치를 시행하는 것은 교육장입니다. 따라서 교육장은 조치 결정에는 개입할 수 없으므로 이를 임의로 취소하거나 변경할 수도 없습니다.

TIP 행정소송과 행정심판의 차이는 무엇인가요?

행정심판은 행정청의 위법 또는 부당한 처분(공권력의 행사 또는 그 거부) 또는 부작위(행정청이 당사자의 신청에 대하여 상당한 기간 내에 일정한 처분을 하여야 할 법률상 의무가 있는데도 처분을 하지 아니하는 것)로 인하여 권리를 침해당한 국민이 행정기관에 청구하는 권리구제 방법입니다.

행정소송은 행정청의 위법한 처분이나 그 밖에 위법한 처분, 공권력의 행사·불행사 등으로 인하여 권리 또는 이익을 침해받은 국민이 법원에 소송을 청구하는 권리구제 방법입니다.

구분	행정심판	행정소송
성격	약식쟁송	정식쟁송
쟁송 대상	위법 부당한 처분	위법한 처분
판단 기관	교육청 소속의 행정심판위원회(행정부)	법원(사법부)
근거 법률	행정심판법	행정소송법
심리절차상 원칙	서면, 구술심리원칙, 비공개원칙	구술심리원칙, 공개
비용	인지대, 송달료 무료	인지대, 송달료 발생
시간	90일 이내	6개월 이상

·Q2·

학교폭력 치료비

학교폭력으로 발생한 치료비를
학교에서 내야 하나요?

교사 학급 내에서 힘깨나 쓰는 학생 A는 평소에도 다른 학생들을 괴롭히며 자기 뜻대로 하지 않으면 폭력을 행사하기 일쑤입니다. 담임교사로서 이리저리 지도도 해보고 더러는 학교폭력으로 신고도 하였지만 그때일 뿐 지속해서 문제를 일으키고 다닙니다. 그런 학생 A가 다른 학생을 괴롭히다가 다른 학생의 얼굴을 때려 치아를 부러뜨렸습니다. 일단 피해학생에게 필요한 응급조치를 해준 뒤, 학교폭력으로 신고하였고 학교에서는 학생 A에 대해서 긴급조치를 내렸습니다. 피해를 받은 학생의 학부모에게도 사실을 즉시 알렸습니다. 그런데 피해학생 학부모가 학생 A의 학부모에게 치료비를 청구했으나 나 몰라라 한다는 것입니다. 피해학생 학부모는 담임교사인 저에게 치료비 문제를 학교에서 해결해 주어야 하는 것 아니냐며 문의를 해옵니다. 담임교사가 나서서 치료비 문제를 해결해야만 하는 걸까요?

변호사 아니요. 치료비 문제는 당사자 간에 해결하여야 할 문제입니다. 합의가 잘 되지 않는다면 개별적으로 소송을 진행하여 문제를 해결해야 합니다. 학교에서는 학교안전공제회에 피해학생 보호조치에 따라 필요한 공제 신청을 해줄 수 있습니다.

> **관련법** 민법 750조, 학교폭력예방법 제 16조 제6항

학교가 치료비까지
해결해주기를 바라는 보호자들

학교폭력 사건에서 치료비 문제는 가장 민감한 부분이 아닐까 합니다. 피해학생과 가해학생 사이에 치료비 합의가 잘 이루어지면 문제가 없지만 그렇지 않은 경우에 학교에서 해결해달라며 요구하기도 합니다. 더러는 학교에서 발생한 사건이니 학교에서 책임지고 해결해 주어야 하는 거 아니냐며 오히려 가해학생과 치료비 이야기를 하기 전에 학교에서 발생한 사건이니 학교가 책임지고 치료비를 내놓으라고 요구하는 경우도 있습니다.

이렇게 학교폭력으로 발생한 피해학생의 치료비는 누가 부담해야 할까요? 법률에는 피해학생이 보호조치를 받고 심리상담이나 치료를 받은 경우 그에 사용되는 비용은 원칙적으로 가해학생의 보호자가 부담하여야 한다고 명시하고 있습니다. 그러나 피해학생이 신속하게 치료받아야 할 때는 학교장, 보호자가 학교안전공제회나 시 · 도 교육청에 치료비용을 신청할 수 있습니다. 이후 피해학생에게 치료비용을 지급한 학교안전공제회나 시·도 교육청은 가해학생의 보호자에게 구상권을 행사하여 비용을 청구할 수 있습니다[16].

따라서 피해학생이 학교폭력으로 받은 피해 중 상담기관에서 상담을 받음으로써 발생한 상담비용, 의료기관에서 받은 치료에 드는 비용은 원칙적으로 가해학생의 보호자가 부담해야 합니다.

학교폭력예방법은 피해학생이 보호조치를 받은 정도에 한해서 가해학생의 보호자가 부담하여야 함을 규정하고 있지만, 민법 원칙에 따르면 불법행위에 대한 손해배상 책임은 1차적으로 불법행위자에게 있습니다. 민법상 고의 또는 과실로 인한 위법행위로 타인에게 손해를 가한 자는 그 손해를 배상할 책임이 있습니다[17]. 또한 가해학생은 학교폭력 행위로 인하여 발생한 재산 이외의 손해(위자료 등)에 대해서도 배상할 책임이 있습니다[18]. 하지만 미성년자인 가해학생은 책임능력이 있는지 없는지에 따라 자신의 불법행위에 따른 책임, 즉 배상 여부가 결정됩니다. 보통 만 12세를 넘은 경우 책임능력이 있는 것으로 본 판례가 많습니다. 하지만 개별 사안의 구체적 사실관계에 따라 책임능력의 유무 판

---

16 학교폭력예방법

제16조 ⑥ 피해학생이 전문단체나 전문가로부터 제1항제1호부터 제3호까지의 규정에 따른 상담 등을 받는 데에 사용되는 비용은 가해학생의 보호자가 부담하여야 한다. 다만, 피해학생의 신속한 치료를 위하여 학교의 장 또는 피해학생의 보호자가 원하는 경우에는 「학교안전사고 예방 및 보상에 관한 법률」 제15조에 따른 학교안전공제회 또는 시·도 교육청이 부담하고 이에 대한 구상권을 행사할 수 있다.

17 민법 제750조.

18 민법 제751조(재산 이외의 손해의 배상) ① 타인의 신체, 자유 또는 명예를 해하거나 기타 정신상 고통을 가한 자는 재산 이외의 손해에 대하여도 배상할 책임이 있다.

단은 달라질 수 있습니다[19].

　그렇다면 피해학생은 미성년자인 가해학생에게 손해배상을 청구할
수 없을까요? 그렇지 않습니다. 배상책임이 없는 미성년자라 하더라도
손해배상 책임에 대해서는 가해학생을 감독할 법정의무가 있는 자가
손해배상의 책임을 집니다. 바로 보호자가 되겠지요[20].

　미성년자이긴 하지만 자신의 행위에 책임을 분별할 지능이 있는 사
람(책임능력이 있는 미성년자)은 법률에 의하면 배상 책임이 있으므로 그
런 경우 미성년자에게만 책임을 물을 수 있을까요? 보호자에게는 책임
을 물을 수 없을까요? 역시 그렇지 않습니다. 미성년자인 가해학생의
불법행위로 인하여 손해가 발생하였다면 보호자는 미성년자의 감독의
무자가 되고 그런 의무를 게을리한 과실로 인하여 손해가 발생하였으
므로 민법 제750조에 따라 역시 그에 대한 책임을 져야 합니다.

　이처럼 학교폭력으로 발생한 치료비는 당사자 사이에서 해결해야 할
문제입니다. 학교는 이를 중재할 능력도, 권한도 없습니다. 물론 학교
폭력예방법에는 당사자 간 분쟁조정이라는 제도가 있습니다. 현재는
심의위원회에서 당사자 사이에 손해배상과 관련된 합의 조정 등 필요

---

19 민법 제753조(미성년자의 책임능력) 미성년자가 타인에게 손해를 가한 경우에 그 행위의 책임을 변식할 지
　능이 없는 때에는 배상의 책임이 없다.
20 민법 제755조(감독자의 책임) ① 다른 자에게 손해를 가한 사람이 제753조 또는 제754조에 따라 책임이
　없는 경우에는 그를 감독할 법정의무가 있는 자가 그 손해를 배상할 책임이 있다. 다만, 감독의무를 게을
　리하지 아니한 경우에는 그러하지 아니하다.

한 사항에 대해서 분쟁조정을 할 수 있으나 한쪽 당사자가 분쟁조정을 거부하면 분쟁조정을 강제할 수 없어서 실무적으로는 이용률이 낮습니다. 학교는 피해학생이 신속하게 치료받을 수 있도록 학교안전공제회에 치료비 지급을 신청할 순 있지만, 직접 치료비를 지급하거나 가해학생에게 치료비를 달라고 요구할 수는 없습니다. 만약 피해학생과 가해학생이 치료비나 위자료 등 손해배상에 대해 합의에 이르지 못하였다면 이는 소송으로 해결해야겠죠.

· Q3 ·

정보공개

학부모가 학교의 CCTV를
공개 요청합니다

교사 여학생 A가 어느 날 울면서 찾아와, 복도를 지나가고 있는데 남학생 B가 치마를 들추고 지나갔다면서 학교폭력으로 신고했습니다. 마침 CCTV가 설치된 장소여서 관리자의 승인을 받아 CCTV를 확인하였습니다. 그러나 영상 안에는 스치는 장면만이 있고 여학생 A가 말한 것처럼 치마를 들추는 장면은 확인할 수 없었습니다. 그러한 사실을 학생 A의 학부모에게 알리자 그럴리 없다고 자신들이 보고 판단하겠다며 CCTV 공개 요청과 더불어서 파일까지 제공해달라는 것입니다. 마침 사건이 발생한 것이 쉬는 시간이라 A, B 학생만이 아니라 여러 학생이 찍혀 있는데 학부모의 요청대로 CCTV 영상을 공개해야 할까요?

변호사 A만 찍혔다면 공개 가능하지만 CCTV에 여러 학생이 촬영되었다면 개인정보에 해당하여 공공기관인 학교는 비공개결정을 할 수 있습니다.

> 🗳 **관련법** 개인정보보호법 제2조, 공공기관의 정보고공개에 관한 법률 제9조 1항 6호

개인의 권리구제
VS 사생활의 침해

    피해학생과 가해학생은 학교폭력과 관련된 여러 분쟁에 얽힐 수 있고 각자의 필요에 의해 학교 측에 CCTV를 제공해줄 것을 요청합니다. 학교는 학부모의 요청에 따라 CCTV를 공개해야 할까요? 만약 CCTV에 오직 본인만 찍혀 있다면 열람이 가능하겠지만 본인 이외에 다른 사람이 촬영되어 있다면 어떨까요? 학교폭력이 학교 안에서 발생하였다면 실질적으로 본인만 찍힌 경우는 거의 없다고 보면 됩니다. 즉, 학교 안에서 발생한 학교폭력 사안이라면 관련 학생들만이 아니라 다수의 학생이 CCTV에 찍혀 있을 것입니다. 이런 경우 학교는 이를 공개하여야 할지 아니면 하지 않을지 판단이 서지 않을 수 있습니다.

    첫째로 일단 요청 당사자 이외에 다른 학생들이 촬영된 경우, 다른 학생들이 식별 가능할 정도로 얼굴이 촬영되었다면 촬영된 얼굴이 개인정보에 해당하는지가 문제됩니다. 개인정보보호법에 따르면, 개인정보란 살아 있는 개인에 관한 정보로서 성명, 주민등록번호 및 영상 등을 통하여 개인을 알아볼 수 있는 정보(해당 정보만으로는 특정 개인을 알아볼 수 없더라도 다른 정보와 쉽게 결합하여 알아볼 수 있는 것을 포함한다)를 말합니다[21].

CCTV상에 얼굴 등이 찍혀 있어 개인을 알아볼 수 있을 정도라면 당연히 개인정보에 해당합니다. 이때 개인정보 처리자는 일정한 요건에 따라 개인정보를 수집할 수도 있고 또한 그 수집한 목적의 범위 내에서 개인정보를 이용할 수도 있습니다. 마찬가지로 CCTV상에 촬영된 개인정보 역시 개인정보 처리자가 수집할 수도 있고 목적 범위 내에서 이용도 가능합니다. 반면 개인정보 처리자는 개인정보 수집 목적 범위를 초과해서 이용하거나 제3자에게 제공할 수 없으나 특별한 경우 개인정보 정보주체 또는 제3자의 이익을 부당하게 침해할 우려가 있을 때를 제외하고는 개인정보를 목적 외의 용도로 이용하거나 이를 제3자에게 제공할 수 있습니다.

하지만 공공기관은 해당 정보에 포함된 성명·주민등록번호 등 개인에 관한 사항으로서 공개될 경우 사생활의 비밀 또는 자유를 침해할 우려가 있다고 인정되는 정보를 공개하지 않을 수 있습니다.

학교 안에서 다른 학생들의 얼굴이 CCTV에 찍혔다면 이 역시 개인에 관한 사항이고 이를 공개하면 각 개인의 초상권이 침해될 우려가 있

---

21 개인정보보호법 제2조(정의) '개인정보'란 살아 있는 개인에 관한 정보로서 성명, 주민등록번호 및 영상 등을 통하여 개인을 알아볼 수 있는 정보(해당 정보만으로는 특정 개인을 알아볼 수 없더라도 다른 정보와 쉽게 결합하여 알아볼 수 있는 것을 포함한다)를 말한다.

습니다. 이는 법률에서 정한, 공개될 경우 개인의 사생활의 비밀 또는 자유를 침해할 우려가 있다고 인정되는 정보에 해당합니다. 따라서 비공개 대상입니다.

그렇다면 CCTV 공개 요청이 있을 때 꼭 비공개해야 할까요? 여기에서 판단하기 어려운 부분이 있습니다. 개인의 사생활이나 비밀의 자유를 침해할 우려가 인정되는 정보는 비공개 대상 정보가 맞습니다. 그리고 다른 사람의 얼굴이 영상에 촬영된 경우 역시 그러한 정보에 해당합니다. 그러나 법률에서는 비공개 대상이지만 다음과 같은 경우에는 예외적으로 공개해야 한다고 규정하고 있습니다.

> 다. 공공기관이 작성하거나 취득한 정보로서 공개하는 것이 공익이나 개인의 권리 구제를 위하여 필요하다고 인정되는 정보

하지만 개별학교가 이를 판단하기는 어려운 것이 사실입니다. 공개해서 개인의 이익이 더 침해되느냐 아니면 공익이나 개인의 권리구제가 우선이냐는 몹시 난해하기 때문입니다. 이미 개인의 권리가 구제되었거나, 단순 열람이 목적이라면 당연히 사생활을 보호해야 할 필요성이 크므로 비공개 결정을 해야겠지만, CCTV 영상이 학교폭력 관련 소송에서 중요한 증거가 될 경우 정보공개청구를 받아줘야 할 수도 있습니다. 정보 주체가 열람을 요구하는 경우에 이를 공개하는 방법에 특별한 제한은 없습니다만 공공기관인 학교의 경우에는 개인영상정보 열

람 혹은 존재확인 청구서를 신청받아 필요한 절차를 거쳐 열람을 허가
해 줄 수 있습니다.

📌TIP CCTV에 촬영된 일반 통행인들의 얼굴이 비공개 대상 정보인지 여부
(공공기관의 경우)

관련 법: 공공기관의 정보공개에 관한 법률 제9조 제1항 6호

대법원 2014. 5. 29. 선고 2012두25729 판결 [정보공개청구거부결정처분
취소]

"원심은, 이 사건 녹화물에 들어있는 정보 중 국가보훈처 청사 출입자를 포함
하여 청사 정문 앞 보도를 왕래한 일반 통행인들의 얼굴은 개인에 관한 사항
에 해당할 뿐만 아니라, 이 사건 시시티브이CCTV를 촬영하는 과정에서 우연히
함께 촬영된 사람들의 얼굴을 공개할 경우 그로 인하여 이들이 촬영된 사진
또는 작성된 초상이 함부로 공표·복제되지 아니할 권리를 침해할 우려가 있
으므로, 이 사건 녹화물에 포함되어 있는 일반 통행인들의 얼굴은 공공기관의
정보공개에 관한 법률(이하 '정보공개법'이라고 한다) 제9조 제1항 제6호가 정한
'당해 정보에 포함되어 있는 이름 ·주민등록번호 등 개인에 관한 사항으로서
공개될 경우 개인의 사생활의 비밀 또는 자유를 침해할 우려가 있다고 인정
되는 정보'에 해당한다고 판단하였다. 관련 법리와 기록에 비추어 살펴보면,
원심의 위와 같은 판단은 타당하고, 거기에 원고가 상고이유로 주장하는 바와
같은 비공개 대상 정보의 해석에 관한 법리오해, 판단누락 등의 위법이 없다."

학교폭력예방법 비밀누설금지의 원칙

학부모가 학생의 조치, 진술 내용을 상세히 요청합니다

교사   학교폭력 대책 심의위원회에서 심의가 끝나고 조치결정을 받은 가해학생 A 학부모는 조치 결정에 대해서 전혀 납득할 수 없습니다. 조치가 너무나도 과중하게 나왔기 때문이지요. A 학부모는 권리불복 절차를 진행하기에 앞서 왜 그런 조치 결정이 나왔는지를 알고 싶어 학교 전담기구에서 조사한 내용과 함께 학교폭력과 관련된 일체의 자료를 요청합니다. 학교에서 공개할 수 있는 범위의 자료는 어디까지인가요?

변호사   관련 법률에 따라 개인정보가 삭제된 회의록이나 본인 자녀의 진술서 정도는 공개가 가능합니다.

관련법 학교폭력예방법 제21조, 학교폭력예방법 시행령 제33조

가해학생, 피해학생, 신고한 학생,
목격한 학생에 대한 정보는 쉿! 비밀!

학부모가 요청한 모든 자료를 보여주어야 할까요? 이에 대한 답은 학교폭력예방법에 있을 것 같습니다. 학교폭력예방법상 학교폭력과 관련된 업무를 수행하고 있거나 수행하였던 자는 그 직무로 알게 된 비밀 그리고 신고자, 고발자와 관련된 자료를 누설하여서는 안 됩니다[22]. 따라서 위 법률에 따라 업무를 수행했던 담당교사는 A 학부모에게 A 학생이 아닌 다른 가해학생에 관한 자료를 제공해서는 안 됩니다. 마찬가지로 신고자, 고발자와 관련된 자료 개인정보는 물론이고 진술서도 다른 사람에게 제공할 수 없습니다.

법률에는 직무상 알게 된 비밀을 누설하여서는 안 된다고 규정하고 있는데 법률에서 말하는 "비밀의 범위"는 학교폭력 피해학생과 가해학

---

22 학교폭력예방법 제21조(비밀누설금지 등) ① 이 법에 따라 학교폭력의 예방 및 대책과 관련된 업무를 수행하거나 수행하였던 자는 그 직무로 인하여 알게 된 비밀 또는 가해학생 · 피해학생 및 제20조에 따른 신고자 · 고발자와 관련된 자료를 누설하여서는 아니 된다.

생 개인 및 가족의 성명, 주민등록번호 및 주소 등 개인정보에 관한 사항, 학교폭력 피해학생과 가해학생에 대한 심의 · 의결과 관련된 개인별 발언 내용, 그 밖에 외부로 누설될 경우 분쟁당사자 간에 논란을 일으킬 우려가 있음이 명백한 사항 등입니다.

만약 사건을 목격한 학생들이 있다면 목격자 학생들의 진술서 역시 그것이 외부로 누설될 경우 분쟁당사자 간에 목격 진술 내용으로 인하여 논란을 일으킬 우려가 있음이 명백한 사항에 해당하므로 누설해서는 안 되겠지요.

학교폭력과 관련된 모든 자료를 주어서는 안 될까요? 그렇지 않습니다. 학교폭력예방법 제21조 제3항에는 피해학생 보호조치와 가해학생의 조치를 결정하는 심의위원회는 원칙적으로 비공개이지만 피해학생 · 가해학생 또는 그 보호자가 회의록의 열람 · 복사 등 회의록 공개를 신청한 때에는 학생과 그 가족의 성명, 주민등록번호 및 주소, 위원의 성명 등 개인정보에 관한 사항을 제외하고 공개하여야 한다고 규정하고 있습니다. 가해학생 또는 보호자는 회의록을 정해진 절차에 따라 정보공개 청구하여 받아 볼 수 있을 것입니다.

학교폭력예방법에서는 비밀누설금지 원칙을 엄격히 지키도록 정해 놓았습니다. 만약 이를 위반하는 경우에는 관련 형사처벌도 가능하며 실제로 처벌받은 사례도 있으므로 학교폭력으로 업무를 수행 중이거나 수행하셨다면 각별히 주의하고 지켜주셔야 합니다.

Part
03

신속하고 정확한
대응이 필요하다,
아동학대편

· Q1 ·

아동학대의 신고

우리 반 아이가
학대당하는 것 같습니다

교사   학생 A는 조용한 학생입니다. 학생들 사이에서도 늘 소극적이고 한편으로는 주눅들어 보이기도 합니다. 그런데 어느 날부터인가 결석이 잦아졌습니다. 그럴 때마다 집에 연락하여 어머니에게 어떤지 물어도 아이가 감기에 걸려 몸이 안 좋아 결석했다는 이야기뿐입니다. 두어 번 그렇게 넘어갔으나 또 결석이 이어졌고 그냥 넘길 수 없어 종례 후 A를 불러 상담을 하였습니다. 상담 중 A를 살펴보니 팔이며 다리에도 이런저런 멍 자국이 있습니다. 아동학대로 의심스러운 상황입니다. 어떻게 해야할까요?

변호사   아동학대가 의심스러운 경우에는 아동보호전문기관 또는 수사기관에 즉시 신고합니다.

📘 **관련법** 아동학대 범죄의 처벌 등에 관한 특례법 제10조 제2항

아동학대는 끔찍한 범죄입니다
의심뿐일지라도 신고의 의무가 있습니다

안타깝게도 아동학대에 대한 이슈는 연일 뉴스로 심각하게 보도되고 있고 사회적 관심은 날로 증가하고 있습니다. 교육현장에서도 마찬가지입니다. 학교에서도 아동학대 관련 신고가 증가하고 있습니다. 특히 교사가 생활지도를 하는 과정에서 학대가 의심된다고 신고되기도 합니다.

아동학대는 민감한 문제여서 학교에서는 아동학대로 신고해야 할 상황이 맞는지, 신고된 경우에는 어떻게 처리를 할지 고민에 빠집니다. 이번 장에서는 아동학대의 개념, 그리고 교사의 신고 의무에 대해서 살펴보고자 합니다.

먼저 아동학대의 개념에 대해서 알아보겠습니다. 아동학대 개념은 아동복지법을 살펴봐야 합니다.

'아동학대'란 보호자를 포함한 성인이 아동의 건강 또는 복지를 해치거나 정상적 발달을 저해할 수 있는 신체적·정신적·성적 폭력이나 가혹행위를 하는 것과 아동의 보호자가 아동을 유기하거나 방임하는 것을 말한다.

어떠한 행위가 법률에서 정한 행위에 해당하는지를 판단하기 위해서는 법률에서 정한 요건들을 먼저 알아야 합니다. 즉 아동학대가 성립하기 위해서는 법률에서 정한 주체, 대상, 행위 등의 요건들을 만족해야만 합니다. 각각의 요건들을 하나하나 살펴보겠습니다.

일단 아동학대의 행위주체는 '보호자를 포함한 성인'입니다. 아동학대는 성인에 의해서 발생하는 것입니다. 따라서 성인이 아닌 사람이 아동에게 한 학대행위는 아동학대에 해당하지 않습니다. 가령 학생 간에 발생한 학교폭력은 아동학대에 해당하지 않습니다.

아동학대의 대상은 당연하게도 '아동'입니다. 법률에서는 18세 미만의 사람을 아동으로 정의합니다.

아동학대의 행위는 성인의 행위가 아동의 건강 또는 복지를 해치거나 정상적 발달을 저해할 수 있는 행위여야 합니다. 행위의 유형으로는 신체적, 정신적, 성적 폭력이나 가혹행위 그리고 더불어 아동의 보호자가 아동을 유기하거나 방임하는 행위들입니다.

각각의 아동학대 행위들은 아동복지법 제17조에 금지행위로 따로 규정해 놓았습니다. 아동복지법 17조에 규정된 금지행위들은 아동의 신체에 손상을 주거나 신체의 건강 및 발달을 해치는 신체적 학대행위,

아동의 정신건강 및 발달에 해를 끼치는 정서적 학대행위, 아동에게 음란한 행위를 시키거나 이를 매개하는 행위 또는 아동에게 성적 수치심을 주는 성희롱 등의 행위, 자신의 보호, 감독을 받는 아동을 유기하거나 의식주를 포함한 기본적 보호, 양육, 치료 및 교육을 소홀히 하는 방임행위 등입니다.

아동학대 행위가 발생한 사실을 인지한 교사에게는 신고의 의무가 있습니다. 정확하게 알아보겠습니다. 아동학대 범죄의 처벌 등에 관한 특례법에 의하면 누구든지 아동학대 범죄를 알게 된 경우나 그 의심이 있는 경우에는 수사기관에 신고할 수 있습니다. 아동학대 범죄에 대해서 누구든지 신고는 할 수 있지만 의무는 아닙니다.

그러나 법률에서 정하는 직업군의 사람이 직무를 수행하면서 아동학대 범죄를 알게 된 경우나 그 의심이 있는 경우에는 아동보호전문기관이나 수사기관에 즉시 신고하여야 합니다. 즉, 법률에서 정하고 있는 25개의 기관에 종사하고 있는 사람은 직무수행 과정에서 아동학대 범죄를 알았거나 의심스러운 경우가 있다면 꼭 신고해야 합니다. 당연히 25개의 기관 중에는 초중등교육법 제2조[1]에 따른 학교의 장과 그 종사자

---

1 초중등교육법 제2조(학교의 종류) 초·중등교육을 실시하기 위하여 다음 각 호의 학교를 둔다. 〈개정 2019. 12. 3.〉
  1. 초등학교
  2. 중학교·고등공민학교
  3. 고등학교·고등기술학교
  4. 특수학교
  5. 각종학교

가 포함되어 있습니다. 따라서 교사는 직무를 수행하면서 아동학대 범죄를 알게 된 경우뿐만 아니라 의심스러운 경우에도 수사기관에 신고해야 합니다. 만약 신고 의무자가 정당한 사유 없이 신고를 안 한다면 과태료를 부과받습니다.

그럼 신고는 언제까지 해야 할까요? 법률에 의하면 아동학대 범죄를 알게 된 경우나 그 의심이 있는 경우에 '즉시' 신고하도록 되어 있습니다. '즉시'라는 의미는 신고자가 신고 대상이 되는 사실을 인지한 경우 시간적으로 매우 근접한 시간임을 의미합니다.

아동학대는 범죄 중에서도 가장 끔찍한 범죄라고 생각합니다. 아동이 성인, 특히 보호자에게 보호받고 행복한 시절을 보내야 할 때에 씻을 수 없는 상처와 끔찍한 기억을 남기는 악랄한 범죄이기 때문입니다. 그러므로 아동학대 처벌법도 더욱 강화되고 의심되는 상황만으로도 신고하도록 함으로써 의무를 더욱 강하게 부여하고 있습니다. 앞에서 설명한 아동·청소년을 대상으로 한 성범죄가 발생했을 때 신고 의무를 둔 경우와 비교해보면 더 명확해집니다.

> **아동·청소년의 성보호에 관한 법률 제34조(아동·청소년대상 성범죄의 신고)**
> ② 다음 각 호의 어느 하나에 해당하는 기관·시설 또는 단체의 장과 그 종사자는 직무상 아동·청소년대상 성범죄의 발생 사실을 알게 된 때에는 즉시 수사기관에 신고하여야 한다.

아동학대범죄의 처벌 등에 관한 특례법제10조(아동학대범죄 신고의무와 절차)

② 다음 각 호의 어느 하나에 해당하는 사람이 직무를 수행하면서 아동학대범죄를 알게 된 경우나 그 의심이 있는 경우에는 아동보호전문기관 또는 수사기관에 즉시 신고하여야 한다

두 조항을 비교해보시면 아동·청소년 대상 성범죄는 발생 사실을 알게 된 때에 수사기관에 신고하게 되어 있지만, 아동학대 범죄의 경우에는 이를 알게 된 경우뿐만이 아니라 그 의심이 있는 경우에도 수사기관에 신고하게 되어 있습니다. 그만큼 신고 의무를 더욱 두텁게 하고 있습니다.

그러나 실질적으로 학교 현장에서 의심스러운 정황만으로 신고하기가 부담스럽거나 곤란한 경우가 있습니다. 통계를 보면 아동학대는 주로 가정 내에서 이루어지는 경우가 대부분임에도 교사 입장에서는 단지 의심스럽다는 이유로 보호자를 아동학대로 신고해야만 하는 어려움이 있습니다. 실제로 학교가 아동학대로 자신을 신고했다는 이유로 보호자가 학교에 방화한 사건도 발생하였습니다[2]. 물론 법률에는 신고자에 대해서 신고로 인한 신변 노출이나 불이익을 금지하고 있고 또한 신변에 위험이 있을 경우 안전을 요청할 수도 있습니다[3].

과거 아동학대는 가족끼리 해결해야 하는 일로 가볍게 생각했습니다. 그러나 최근 아동학대로 아이들의 소중한 생명을 앗아가는 사건이

---

2 이진연 기자, 아동학대 신고 이유로 딸 학교 방화한 50대 징역형, KBS NEWS, 2019년 9월 25일 자.

발생하면서 이를 중대한 범죄로 인식하게 되었습니다. 그로 인하여 관련 법률도 개정되었고 아동학대에 대한 처벌에 대한 특별법을 제정하기에 이르렀습니다. 나아가 아동학대는 가정만이 아니라 유치원, 학교 등 아동과 관련된 시설에서도 충분히 발생할 수 있다는 시각이 형성되었습니다. 아동학대로 의심되면 특히 교사는 꼭 신고의 의무를 다하여야 합니다. 부담스럽다는 이유로, 또는 곤란한 상황에 빠질까봐 신고를 미루거나 하지 않는다면 그로 인하여 되돌릴 수 없는 상황에 직면할 수도 있습니다.

---

3 아동학대범죄의 처벌 등에 관한 특례법 제10조(아동학대범죄 신고의무와 절차) ③ 누구든지 제1항 및 제2항에 따른 신고인의 인적 사항 또는 신고인임을 미루어 알 수 있는 사실을 다른 사람에게 알려주거나 공개 또는 보도하여서는 아니 된다.
제10조의2(불이익조치의 금지) 누구든지 아동학대범죄신고자등에게 아동학대범죄신고등을 이유로 불이익조치를 하여서는 아니 된다.

🔷 TIP 아동학대 신고 기관의 변경

현재 아동학대범죄의 처벌 등에 관한 특례법은 신고 기관을 다음과 같이 규정해 놓고 있습니다.

제10조(아동학대범죄 신고의무와 절차) ② 다음 각호의 어느 하나에 해당하는 사람이 직무를 수행하면서 아동학대범죄를 알게 된 경우나 그 의심이 있는 경우에는 아동보호전문기관 또는 수사기관에 즉시 신고하여야 한다.

그러나 위 법률이 개정되어 다음과 같이 변경되었습니다.

제10조(아동학대범죄 신고의무와 절차) ② 다음 각호의 어느 하나에 해당하는 사람이 직무를 수행하면서 아동학대범죄를 알게 된 경우나 그 의심이 있는 경우에는 시·도, 시·군·구 또는 수사기관에 즉시 신고하여야 한다. 〈개정 2016. 5. 29., 2019. 1. 15., 2020. 3. 24.〉

개정된 법률의 시행일은 2020년 10월 1일입니다. 따라서 그 전까지는 아동보호전문기관 또는 수사기관에 신고를 하여야 하나 시행일 이후에는 시·도, 시·군·구 또는 수사기관에 신고하여야 합니다.

아동학대죄의 성립

학부모가 저를
아동학대로 고소한다고 합니다

교사 우리 반에 1학기 내내 지도에 애를 먹인 A가 있습니다. 수업 분위기를 흐리는 행동들, 친구들의 책가방을 찬다든가 폭언하는 것 때문에 반 아이들이 모두 힘들어했지만, A의 눈치를 보고 해코지를 당할까 쉽사리 담임인 제게 말하지도 못하는 상황이었습니다. 크고 작은 갈등이 있을 때마다 좋게 타일렀지만 나아지는 것은 없었습니다. 심지어 복도에서 제가 지나가면 "아후, 냄새 쩔어"라는 조롱식의 발언도 여러 차례였습니다. A와 개인 상담도 여러 번 진행했고 A 어머니와 통화하여 가정과 연계지도도 해보았지만 어머니는 "어머, A가 집에서는 안 그러는데 왜 그럴까요"라며 시큰둥해했습니다. 어느 날 학급 칠판에 "인간쓰레기 김△△"라며 제 이름이 적혀 있었고, 누가 썼냐고 물으니 다들 꿀 먹은 벙어리가 된 채 A를 쳐다보았습니다. A에게 나와서 직접 지우라고 했더니 "쓰레기는 쓰레기가 치워야지"라고 비아냥댔습니다. 순간적으로 화를 참지 못한 나머지 A 자리로 가서 책상을 두어 번 두들기며 "A! 얼른 나가서 지우지 못해!"라고 말했고 A는 교실을 뛰쳐나갔습니다. 그날 저녁 A 어머니가 전화를 걸어와 아동학대로 저를 고소하겠다고 합니다. 저 감옥 가는 건가요.

변호사 아동학대죄가 성립된다고 보기 어렵습니다.

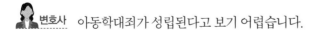

관련법 아동학대범죄의처벌등에관한특례법 제11조, 아동복지법 제17조, 제71조

가장 두려운 상황,
아동학대로 피소당하는 일

교육활동 침해가 발생한 상황에서 침해학생과 맞닥뜨리면 위 사례와
같이 더 큰 갈등이 생길 때도 있습니다. 하지만 잘못된 행동을 한 학생
을 그저 학교교권보호위원회, 선도위원회를 통해서 조치를 받게 하는
것이 교육일까요? 체벌과 벌점은 구시대의 유물이 되었고 많은 선생님
이 학생들을 어떻게 지도하고 훈육할지 고민을 나누고 계십니다. 오죽
하면 선생님들 사이에 "나 오늘 지도할 뻔했잖아"라는 말이 유머로 통
할까요.

선생님도 사람입니다. 순간적인 분노를 참기 위해선 초인적인 인내심
을 발휘해야 합니다. 더군다나 상대는 아동복지법으로 보호받고 있는
학생입니다. 부단한 자기수양과 마음의 평화가 필요한 일이죠. 그러나
참고 참다가도 한순간 폭발할 수도 있습니다. 질문하신 선생님도 그러
셨을 거라고 생각합니다. 평소에도 이리저리 튀었던 학생의 공격이 선
생님을 향한 순간, 선을 넘은 학생의 태도에 빵, 하고 터지셨던 거겠죠.

A는 칠판에 공개적으로 선생님을 모욕했으므로 넉넉하게 교육활동 침해행위를 했다고 인정할 수 있습니다. 그런데도 선생님이 A에게 감정적으로 지도한 것을 이유로 A 부모님은 선생님이 아동학대를 했다고 주장하고 있습니다.

사실 이렇게 학부모가 아동학대를 강하게 주장하는 경우, 그 사실을 인지한 학교장을 비롯한 다른 선생님들에게는 신고의무가 발생합니다. 왜냐하면 「아동학대 범죄의 처벌 등에 관한 특례법」에서는 교직원이 직무수행 중 아동학대 범죄를 알게 된 경우는 물론 의심이 있는 경우에도 신고할 의무가 있으며, 의무를 게을리한 경우 500만 원 이하의 과태료를 부담하도록 규정하고 있기 때문입니다.

학교 교직원의 신고나 피해 아동 부모님의 신고로 사건이 접수되면 일반적으로 아동보호전문기관의 직원이 아동학대가 이루어진 현장에 나와 해당 아동 및 아동학대 행위자, 목격자 등 관계인에 대해 조사했었는데요, 전후 사정을 모르고 신고가 접수되었다는 이유만으로 교사를 아동학대가해자로 취급하는 아동보호전문기관 직원의 고압적인 조사 태도에 상처를 받은 선생님들도 계셨습니다.

위의 조사를 통하여 아동보호전문기관에서 학대행위가 있었는지에 대하여 일차적으로 판단하고 경찰에 의견을 제시하였는데 '아동학대 의심 사례 없음'으로 의견을 제시할 경우 신고가 있더라도 입건[4]되지

---

4 사건이 '성립'됐다, 즉 범죄 혐의가 있어 수사를 개시하겠다는 뜻입니다.

아동학대 사건 처리 절차

(출처: 아동권리보장원)

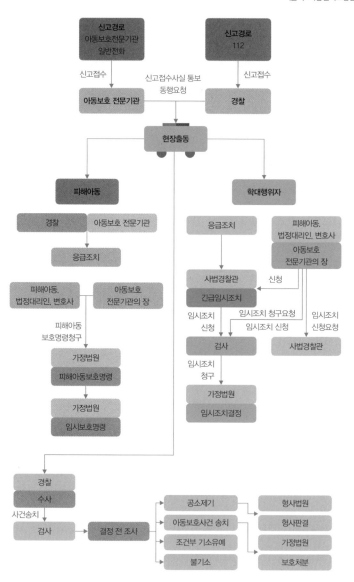

않고 사건이 종료될 수 있습니다. 반대로 '아동학대 의심 사례 있음'이라고 의견을 제시할 경우 경찰에서 정식으로 입건하여 피해자인 아동, 피의자인 학대행위자, 목격자 등의 진술을 받고 관련 증거를 수사합니다. 경찰은 수사종결권이 없으므로 죄가 되지 않는다고 판단할 때에도 검찰의 수사 지휘를 받기 위하여 사건을 검찰에 송치[5]하는데요, 이것을 '불기소의견 송치'라고 합니다. 검찰이 경찰의 의견대로 '불기소 처분'을 내리면 사건이 종료됩니다.

경찰이 '기소의견 송치'를 하게 될 경우 검찰은 경찰의 의견대로 형사법원에 기소를 하여 유·무죄의 판결을 받게 하기도 하고, 가정법원에 아동보호사건으로 송치하여 보호처분을 받게 할 수도 있습니다. 물론, 경찰이 검찰에 기소의견으로 송치해도 검찰에서 법리검토, 증거 부족, 기소유예 사유의 존재 등의 이유로 불기소 처분을 할 수도 있습니다.

검찰이 선생님을 아동복지법 위반으로 기소하여 벌금이 5만 원[6]만 나와도 선생님은 10년간 교단에 서지 못하는 사태가 발생했던 때도 있었습니다. 그러나 헌법재판소에서 일률적으로 취업제한 기간을 10년으로 둔 것은 위헌이라는 결정이 났고 이를 바탕으로 2019년 6월 이후에는 법원에서 취업제한명령을 하면서 10년의 취업제한 기간을 같이 선고 또는 고지하게 되었습니다. 다만, 재범 위험성이 현저히 낮은 경

---

5 피의자의 사건관련 자료를 경찰에서 검찰로 '배송' 조치'했다는 뜻입니다.
6 형법에서 정한 최소 벌금 액수입니다.

우나 취업을 제한하여서는 안 되는 특별한 사정이 있는 경우에는 취업 제한명령을 선고하지 않을 수도 있습니다.

자, 그럼 아동학대를 다시 되짚어볼까요. 「아동복지법」에서는 아동학대를 '보호자를 포함한 성인이 아동의 건강 또는 복지를 해치거나 정상적 발달을 저해할 수 있는 신체적 · 정신적 · 성적 폭력이나 가혹행위를 하는 것과 아동의 보호자가 아동을 유기하거나 방임하는 것'으로 정의한다고 앞에서 말씀드렸죠. 간단하게 18세 미만의 아동에 대한 신체적 · 정신적 · 성적 학대 및 유기, 방임으로 분류할 수 있습니다.

신체적 학대는 보호자를 포함한 성인이 아동에게 우발적인 사고가 아닌 상황에서 신체적 손상을 입히거나 신체손상을 입도록 허용한 모든 행위를 말합니다. 정서적 학대는 성인이 아동에게 언어적 모욕, 정서적 위협, 감금이나 억제, 기타 가학적 행위를 하는 것을 말하며 성적 학대는 성인이 자신의 성적 충족을 목적으로 아동에게 행하는 모든 성적 행위를 말합니다. 학교 현장에서 체벌이 거의 사라진 현재, 가장 문제가 되는 것은 '정서적 학대'입니다.

질문하신 선생님이 A에게 소리를 치며 책상을 두드린 행위가 정서적 학대에 해당될까요? A의 부모님은 선생님의 행동이 A에게 정서적 위협이 되었다고 주장할 것으로 예상되는데요, 귀에 걸면 귀걸이 코에 걸면 코걸이 같은 정서적 학대를 실무에서 어떻게 해석할지에 대해서 2015년 10월 헌법재판소의 결정을 살펴보면 좋을 것 같습니다.

헌법재판소는 정서적 학대에 대한 아동복지법의 처벌 규정이 합헌이라 결정하며 '아동이 사물을 느끼고 생각하여 판단하는 마음의 자세나 태도가 정상적으로 유지되고 성장하는 것을 저해하거나 이에 대하여 현저한 위험을 초래할 수 있는 행위'가 정서적 학대라 설명했습니다. 정서적 학대행위에 해당하는지는 '아동에게 가해진 유형력의 정도, 행위에 이르게 된 동기와 경위, 피해 아동의 연령 및 건강 상태, 가해자의 평소 성향이나 행위 당시의 태도, 행위의 반복성이나 기간' 등을 고려하여 판단할 수 있다고 했습니다.

따라서 선생님이 A에게 감정적으로 대응하신 이유가 A의 선을 넘은 무례한 교육활동 침해행위로 인한 것이었고, 평소 A의 잘못한 점에 대하여 차분하게 타이르며 문제 행동의 지도를 위해 가정과 긴밀한 연계를 유지해왔고, 단 1회에 그친 행동이었음을 고려하면 그날의 사안이 정서적 학대로 판단되기는 어려울 것으로 보입니다.

아동학대 사건이 진행된다 하더라도 A의 교육활동 침해사건이 사라지는 것은 아닙니다. 다만 수사결과를 기다린 이후 교육활동 침해행위 사건의 절차를 진행하는 것이 바람직하다고 생각합니다. 그 이유는 사안의 특성상 당사자가 신체적·정서적으로 발달단계에 있어 특별한 보호와 배려를 필요로 하는 아동이므로 우선적으로 아동학대 사실 여부를 판단하는 것이 균형에 맞을 것입니다.

개정된 「아동학대 범죄의 처벌 등에 관한 특례법」이 2020년 10월 부터 시행됨에 따라 지방자치단체에 채용된 '아동학대 전담공무원'이 조사를 전담하면서 아동학대범죄 처리의 컨트롤타워 역할을 하게 되었습니다. 전면적인 시행에는 인적·물적 자원의 제한이 있으므로 2022년 9월까지는 종전과 같이 아동보호전문기관의 직원이 아동학대전담공무원의 역할을 대신할 수 있습니다. 전문 역량을 갖춘 전담 공무원의 등장으로 아동학대 사건에 연루된 선생님들이 보다 중립적이고 담백한 분위기 속에 조사받으실 수 있게 되길 희망합니다.

🐰TIP **교사의 지도행위와 정당행위**

교사의 지도가 정당행위로 볼 수 있으면 처벌할 수 없습니다. 형법에 법령에 의한 행위 또는 업무로 인한 행위 기타 사회상규에 위배되지 아니하는 행위는 벌하지 않는다는 규정이 있기 때문입니다.

대법원은 교사가 학생을 지도(훈육이나 훈계)할 경우 그 방법이 사회통념상 용인될 수 있을 만한 객관적 타당성을 갖추어야 한다고 합니다. 대법원이 제시한 기준을 갖추지 못한 행위는 다음과 같습니다.

- 교육적, 훈계 등 교육적 의미를 알리지 않은 채 교사의 성격 또는 감정에서 비롯된 지도행위
- 낯모르는 사람들이 있는 데서 공개적으로 체벌·모욕을 가하는 지도행위
- 학생의 신체나 정신건강에 위험한 물건 또는 지도교사의 신체를 이용하여 학생의 신체 중 부상의 위험성이 있는 부위를 때리는 행위
- 학생의 성별, 연령, 개인적 사정에서 견디기 어려운 모욕감을 주는 지도행위

아동학대죄의 합의

아동학대로 기소되었는데,
합의해야 할까요?

교사   지금도 후회하고 있습니다. 그때 내가 왜 그랬을까…? 평소에도 생활지도가 되지 않던 학생 A가 그날따라 수업 중에 제 화에 부채질을 했습니다. 시끄럽게 해서 주의를 한 번 주었고, 다른 학생들에게 장난을 치며 수업을 방해해서 그러면 안 된다고 또 타일렀습니다. 물론 속에서 끓어오르는 감정을 꾹꾹 누르면서요. 그런데도 학생 A는 멈추지 않고 수업을 더는 못 듣겠다며 교실을 나가려는 겁니다. 처음에는 경고, 그다음은 다짜고짜이길래 팔을 잡고 못 가게 했습니다. 그러자 학생 A가 "아씨, 니가 뭔데"라고 소리를 질렀습니다. 그러자 참아왔던 감정이 폭발해서 뺨을 때렸습니다. 순간 저도 놀라 학생에게 바로 사과를 했습니다. 역시나 다음 날 학부모는 아동학대로 신고하는 것과 동시에 합의를 안 해주면 끝까지 갈 거라고 합니다. 하지만 요구하는 합의 액수가 생각보다 많습니다. 어떻게 할까요? 합의에 응해야 할까요?

변호사   합의 여부는 개인의 의사입니다. 개인의 판단에 따라 결정하여야 합니다. 다만 형사합의 혹은 민사합의는 문제를 해결하는 데 있어 중요한 역할을 할 수 있습니다.

당황하셨을 선생님, 이럴 때일수록
냉정하게 생각해봅시다!

흔히들 사람은 감정의 동물이라고 말합니다. 하지만 직업적인 이유, 또는 여러 환경적인 이유로 모든 감정을 다 표현하고 살 수는 없습니다. 그런 게 '사회생활'이라며 애써 위로하는 자신을 보면 짠할 때가 있습니다. 선생님도 마찬가지입니다. 교실에서는 학생들과 그리고 수업이 끝나면 학부모들 또는 동료 교사들과의 갈등으로 인하여 하루에도 '참을 인' 자를 몇 번씩이나 새기고 있을 선생님들을 생각하면 감정을 억누르고 이성적으로 행동하라는 말 자체가 허울뿐인가 싶기도 합니다. 특히나 담임을 맡아보신 선생님들이 한 번씩은 경험해 보셨을 통제가 안 되는 아이, 그리고 더 통제가 되지 않는 학부모와의 문제로 고민하시며 참는 것 말고 방법이 없잖아요, 하실 때 뾰족한 수를 내드리지 못해 죄송스러운 마음입니다.

보통 '합의'라고 한다면 형사상 합의를 의미합니다. 민사상 합의도 있으나 이때는 합의보다는 화해 혹은 조정이라는 용어가 사용됩니다. 물론 합의서를 작성할 때 그 내용 안에 '민형사상의 합의'에 이른다는 표현을 쓰긴 하지만 이때 의미는 민사상의 손해배상도 이 합의로서 갈음한다는 정도의 의미일 것입니다.

일반적으로 형사절차가 진행되는 과정에서 합의는 중요합니다. 죄에 따라서 합의에 이를 경우 형사절차가 바로 종료될 수도 있기 때문입니다. 이를 이해하기 위해서는 '친고죄' 또는 '반의사불벌죄'에 대해서 알아야 합니다. 앞서 설명하였듯이 형사절차는 고소, 고발 혹은 수사기관의 인지를 통해서 개시됩니다. 그러나 죄에 따라서 피해 당사자가 고소를 하여야만 공소를 제기할 수 있는 범죄들이 있습니다. 예를 들어 형법의 모욕죄 관련 조항을 보면 다음과 같습니다.

> **형법 제311조(모욕)** 공연히 사람을 모욕한 자는 1년 이하의 징역이나 금고 또는 200만원 이하의 벌금에 처한다.
> **제312조(고소와 피해자의 의사)** ① 제308조와 제311조의 죄는 고소가 있어야 공소를 제기할 수 있다.

모욕죄는 범죄 피해자나 법정대리인의 의사로서 고소를 하여야만 공소를 제기할 수 있습니다. 즉, 고소가 없거나 고소를 하였어도 수사가 진행되는 가운데 고소인이 고소를 취하하였다면 공소를 제기할 수 없습니다.

반의사불벌죄는 친고죄와 비슷하지만 다릅니다. 명예훼손죄의 법조항은 다음과 같이 규정하고 있습니다.

제307조(명예훼손) ① 공연히 사실을 적시하여 사람의 명예를 훼손한 자는 2년 이하의 징역이나 금고 또는 500만 원 이하의 벌금에 처한다. 〈개정 1995. 12. 29.〉
② 공연히 허위의 사실을 적시하여 사람의 명예를 훼손한 자는 5년 이하의 징역, 10년 이하의 자격정지 또는 1천만 원 이하의 벌금에 처한다.

제312조(고소와 피해자의 의사) ② 제307조와 제309조의 죄는 피해자의 명시한 의사에 반하여 공소를 제기할 수 없다.

명예훼손죄는 고소가 없어도 공소제기가 가능합니다. 다만 형사절차가 진행되는 가운데 피해자가 처벌을 원치 않는다는 의사를 표시하면 공소를 제기할 수 없습니다. 이를 반의사불벌죄라고 합니다.

따라서 친고죄와 반의사불벌죄에서 합의는 중요합니다. 보통 합의에 이르렀다고 한다면 합의서에 고소를 취하하거나 처벌은 원하지 않는다는 의사 (처벌불원서)가 포함되어 있기 때문입니다. 합의에 이르러 고소 취하나 처벌불원서를 제출하면 형사 절차는 더 이상 진행되지 않고 마무리되므로 형사처벌을 받지 않게 됩니다.

그렇다면 모든 범죄에 대해서 위와 같이 고소취하나 처벌불원서를 제출할 수 있을까요? 결론적으로 그렇지 않습니다. 통상 친고죄나 반의사불벌죄는 죄에 따라 위에서 보는 것과 같이 따로 조항을 달아 그것이 가능하도록 규정해 놓고 있습니다. 따로 규정이 없다면 불가능합니다.

아동학대 범죄는 대부분 친고죄나 반의사불벌죄가 아니어서 형사절차가 진행된다면 고소 취하나 처벌불원서를 제출하여도 형사절차가 마무리 되지는 않습니다. 그렇다면 아동학대로 신고된 경우 합의는 의미가 없을까요?

그렇지 않습니다. 형사절차에서 합의여부는 유죄로 결정된 후 형벌의 정도를 결정하는데 중요한 역할을 합니다. 판사가 형벌의 정도나 형벌의 양을 결정하는 것을 '양형'이라고 합니다. 피해자와 원만한 합의에 이르렀다면 판사는 이를 피고인의 양형을 결정함에 있어 유리한 정황으로 고려할 것입니다. 따라서 비친고죄나 반의사불벌죄가 아닌 죄에 있어서도 합의는 중요합니다.

물론 경우에 따라 상대방이 합의를 하자고 하면서 무리한 금액을 요구하는 경우가 있습니다. 사정에 따라 요구에 무조건 응해야 하는지 여부는 결론적으로 개인의 선택의 문제입니다. 그러한 요구에 응할 수도 있지만 혹은 합의하지 않고 법률전문가를 선임하여 적극적으로 대응할 수도 있습니다.

합의의 의미는 가해자가 피해자에게 잘못한 행위에 대해 반성과 용서를 구하고 피해자가 이를 받아들여 화해에 나아갔음을 보여주는 것입니다. 용서와 화해는 여러 가지 방식으로 이루어질 수 있습니다. 가해자가 피해자에게 진정으로 용서를 비는 반성문이나 사과 서신 그리고 피해에 대한 경제적인 보상 등입니다. 그러나 현실에서는 합의는 곧 금전적인 보상으로 여겨지는 것이 사실입니다. 그러다 보니 몇몇 가해자는 진심을 다해 용서를 구하거나 반성하기보다는 돈으로 해결하려고 하고, 피해자는 나의 손해는 금전적으로 따질 수 없다면서 사회통념상 인정되는 액수보다 무리한 금액을 요구하기도 합니다.

합의가 이루어지려면 서로 원만한 합의점을 조율해야 합니다. 피해자인 학생에게는 교사의 진심어린 사과와 반복하지 않겠다는 다짐이 우선이고 가해자인 교사에게는 학생과 학부모의 관용과 적절한 수준의 보상에 만족하는 마음이 필요하지 않을까요? 특히나 아동학대의 피해를 입은 학생들에게 진정한 사과와 용서가 무엇인지, 그리고 화해는 무엇인지 다시 한번 생각해보아야 할 부분인 것 같습니다.

🔖TIP 합의서 쓰기

합의서의 형식은 정해진 것이 없습니다. 다만 합의서 안에는 어떤 방식과 어떤 내용의 합의가 이루어졌는지 정확히 들어가 있어야 할 것입니다.

예를 들어 다음과 같습니다.

1. 당사자 간(피해자와 피의자, 혹은 피해자와 피고인) 얼마의 합의금(합의문에 금액 표시)으로 합의에 이르렀고 추후 이 사건으로 민형사상의 문제를 제기하지 않겠다.
2. 피해자는 피의자 혹은 가해자의 처벌을 원하지 않는다(혹은 처벌을 원하지 않으므로 법원의 선처를 구한다).

보통 위와 같은 내용으로 당사자 간 서명을 하고 합의서를 작성합니다.
만약 가해자(피의자 혹은 피고인)가 합의서를 관련 기관에 제출하고자 한다면 피해자가 합의서에 진정한 의사로 서명한 것이 맞음을 확인하기 위해 피해자의 인감도장으로 날인하고 인감증명서를 첨부하는 것이 보통입니다.

정정보도청구

신문사에서 저를
아동학대 교사로 보도했습니다

교사 초등학교 1학년을 맡았던 교사입니다. 열심히 지도한 학생이 있는데요, 급식실을 뛰어다니고, 앉으려는 친구의 의자를 빼는 장난을 치고, 미술 시간에 점토 공예가 싫다며 가방을 싸서 나가는 등 1년 동안 참 다사다난했습니다. 그런데 해당 학생이 전학을 가고 신학기를 앞둔 어느 날, '○○구 여교사, 초등 1학년 상습 학대… 학교 미온적 대응'이라는 타이틀의 기사가 포털사이트에 올라왔고 "이거 쌤 아니에요?"라는 메시지가 쉴 틈 없이 왔습니다. 기사 내용을 보니 주인공은 저였지만 전혀 사실이 아니었습니다. 학생이 1년 내내 담임인 저로부터 부당한 지도와 과한 제재를 받았으며 지속적인 정서적 학대로 인해 아이가 스트레스성 적응장애 진단을 받았고, 이를 학교에서 수수방관하여 전학을 가게 되었으며, 전학을 가지만 이런 선생님이 계속 교단에 있으면 안 된다는 생각에 제보하게 되었다며 허위사실이 마치 사실처럼 쓰여 있었습니다. 당사자인 제게 취재 요청도 없었고 제 의견은 전혀 반영되지 않았습니다. 신문사가 저를 아동학대범으로 낙인찍었습니다. 어떻게 해야 할까요?

변호사 언론중재위원회에 조정 · 중재 신청하시거나 정정보도청구소송을 하실 수 있습니다.

> 📗 **관련법** 언론중재 및 피해구제 등에 관한 법률, 민법

다윗과 골리앗의 싸움일지라도
의연하고 강직하게

잘못된 보도의 파장은 큽니다. 활자화된 내용을 접하는 시민들은 이를 사실이라 쉽게 믿어버립니다. 때로 글자는 칼보다 더 매섭고 뾰족하게 사람을 난도질합니다. 손안에서 세상을 볼 수 있는 시대를 살고 있는 지금, 오보의 피해는 광범위하게 확장될 수 있습니다. 그래서 언론의 책임은 막중합니다. 언론이 공정하고 객관적으로 균형 있게 보도하는지 항상 주시해야 하는 이유입니다.

질문하신 선생님과 같이 잘못된 보도로 명예가 훼손당한 경우 언론사를 상대로 정정보도청구권, 반론보도청구권, 추후보도청구권 및 손해배상청구권을 행사할 수 있습니다. 선생님은 위 기사를 낸 신문사를 상대로 보도가 있음을 안 날부터 3개월 이내에 보도 내용에 관한 정정보도, 반론보도를 서면으로 청구할 수 있습니다. 또한 인격권의 침해로 인한 피해에 대하여 금전적인 배상을 요구하는 손해배상청구도 함께할 수 있습니다. 또 기사에서 아동학대를 의심하고 있으므로 범죄혐의가 있는 경우에 해당하고 만약 형사절차가 진행되어 무죄판결 내지 동등한 형태로 종결되었을 때에는 추후보도를 청구할 수도 있습니다.

'정정보도'란 언론의 보도 내용의 전부 또는 일부가 진실하지 않을 때 이를 진실에 부합되게 고쳐서 보도하는 것을 말합니다. '반론보도'란 언론의 보도 내용의 진실 여부에 관계없이 그와 대립적, 반박적 주장을 보도하는 것을 말합니다.[7]

선생님은 정정보도청구권을 언론사에 직접 행사하거나 바로 법원에 정정보도청구의 소를 제기할 수도 있지만 언론중재위원회의 조정이나 중재 절차를 이용하는 방법으로 행사할 수도 있습니다. 언론중재위원회는 ADR(Alternative Dispute Resolution, 대체적 분쟁해결 제도)기능을 갖는 기구로 당사자 간 분쟁을 조정·중재 등 법원 소송보다 비교적 간편한 방법으로 해결하고 있습니다. 또한 신속한 절차를 통해 오보로 인한 피해가 확산되는 것을 방지합니다.

'조정'은 위원회가 피해자와 언론사 사이에 발생한 분쟁이 원만히 해결될 수 있도록 중재부가 객관적·중립적 입장에서 양 당사자의 의견을 듣고, 당사자 간 합의를 이끌어내 분쟁을 해결하는 것입니다. '중재'는 양 당사자 간의 분쟁을 언론중재위원회의 결정에 따라 해결하는 것입니다. 조정이 일방의 신청에 의해 절차가 시작되는 반면, 중재는 중

---

7 언론중재 및 피해구제 등에 관한 법률 제2조

재결정에 따르겠다는 양 당사자의 합의가 있어야 절차가 진행되는 것이 차이입니다.

선생님은 신청서를 작성하여 직접 또는 우편으로 제출하거나 언론중재위원회가 운영 중인 전자중재홈페이지 '언론중재 Eye-Net(http://people.pac.or.kr)'에 접속하여 전자조정·중재를 신청하실 수 있습니다. 위 홈페이지에서는 온라인 실시간 상담도 가능합니다.

조정이 성립될 경우 재판상 화해와, 중재가 성립될 경우 법원의 확정판결과 같은 효력을 갖기에 언론사가 정정보도를 하지 않는 등 조정문에 적힌 사항을 이행하지 않는다면 법원에서 집행문을 부여받아 이행을 강제할 수 있습니다. 언론중재위원회에서도 조정이나 중재가 되지 않을 경우 법원에 정정보도 및 손해배상청구의 소를 제기할 수 있습니다.

대법원은 "신문의 어떤 기사가 타인의 명예를 훼손하여 불법행위가 되는지의 여부는 일반 독자가 기사를 접하는 통상의 방법을 전제로 그 기사의 전체적인 취지와의 연관하에서 기사의 객관적인 내용, 사용된 어휘의 통상적인 의미, 문구의 연결 방법 등을 종합적으로 고려하여 그 기사가 독자에게 주는 전체적인 인상을 기준으로 판단하여야 하고, 여기에 당해 기사의 배경이 된 사회적 흐름 속에서 당해 표현이 가지는 의미를 함께 고려해야 한다"[8]는 기준을 제시하고 있습니다.

따라서 문제의 기자가 학교에서 있었던 부적절한 교사의 행동을 고

---

8 대법원 2007. 12. 27., 선고 2007다 29379 판결.

발하려는 목적에서 보도한 것으로 공익성이 인정된다 하더라도 보도 대상자인 선생님께 최소한의 사실 확인도 하지 않은 채 학부모의 제보와 진단서만으로 기사를 작성하여 허위사실을 적시하게 된 것으로 학부모가 주장한 사실이 진실하다고 믿을 만한 근거가 있다고 보기는 어려울 것 같습니다.

정정보도, 반론보도가 이루어지고 손해가 금전적으로 배상이 되어도 이미 보도된 기사에 의하여 찢긴 선생님의 명예가 원상 복구될 수는 없습니다. 언론은 책임감과 양심을 갖고 윤리강령과 인권보도 준칙을 준수하며 발로 뛰는 섬세한 취재로 사실 확인에 힘써 독자의 판단에 도움이 될 정확한 정보를 전달하여야 할 것입니다.

Part

04

아는 것이 힘!
법률 종합편

·Q1·

민사소송이란

학부모가 제게
손해배상책임을 묻는다고 합니다

 교사　학교폭력 전담교사로 사안을 처리하면서 요즘 고민이 생겼습니다. 업무도 처음이거니와 숙지해야 할 매뉴얼도 많고 그때그때 작성해야 할 서류들도 많습니다. 그런데 사건이 발생하였습니다. 학교폭력이 있었고 피해학생의 요청에 따라 심의위원회에서 가해학생에게 조치도 결정되었습니다. 문제는 피해학생 보호자가 가해학생에 대한 조치를 문제 삼으면서 학폭 전담교사인 저에게는 제대로 사실확인을 하지 않아 가해학생 조치가 가볍게 나온 책임을, 담임교사에게는 관리 부주의의 책임을 물어 손해배상책임을 져야한다며 으름장을 놓고 있습니다. 저는 물론 관련 법률과 매뉴얼대로 사안을 처리하였지만, 혹시나 하는 마음에 미흡한 부분이 있었을까봐 여간 신경 쓰이는 것이 아닙니다. 만약 제가 일을 잘못 처리했다면 학부모에게 손해배상을 해주어야 할까요? 손해배상을 해줘야 한다면 어디까지 책임을 져야 하나요?

변호사　사안 처리를 미흡하게 한 것이 바로 손해배상 책임까지 연결되지 않습니다.

📗 **관련법** 민법 제750조, 제756조 국가배상법 제2조

사안을 미숙하게 처리한 교사,
곧바로 손해배상책임?

학교폭력 전담교사가 아니더라도 학교 내에서 벌어진 사안을 처리하다 보면 위와 같은 상황을 종종 겪게 됩니다. 담당 교사가 매뉴얼대로 절차를 잘 지켜 사안을 처리하였어도 해당 학부모가 위와 같이 나온다면 덜컥 겁부터 나는 것이 사실입니다. '내가 정말 사안을 잘 처리한 건가', '행여라도 조그마한 실수가 있어서 그 실수가 인정되면 나는 바로 손해배상을 해주어야 할까?' 등등 여러 가지 생각이 들 수 있습니다. 그렇다고 학교 안에서 이런 고민을 털어놓기도 쉽지 않습니다. 막상 소송이 들어온다고 생각하면 어디서부터 시작해야 하는지, 당장 변호사를 선임해서 대응해야 하는지 등 여러 가지 생각에 마음이 복잡해지실 겁니다.

한국교원단체총연합회에서 발표한 '2018년도 교권회복 및 교직상담 활동 실적'의 내용을 보면 2018년도 교권침해 상담 건수가 500건 이상으로 교총에 접수된 교권침해 사건이 2010년대 초반까지 200건대에

머물렀던 것에 비해 2배가량 늘어났으며 교원침해 상담 사례를 주제별로 분석하면 학부모에 의한 피해가 243건으로 전체의 48.50%를 차지하고 있습니다. 그중 학부모의 악성 민원, 허위사실 유포, 무분별한 소송 등이 절반에 달합니다[1]. 학교 현장에서는 여러 가지 법률 분쟁이 발생하고 이를 빌미로 금원을 요구하거나, 고소하겠다는 협박을 하거나, 교사를 피고로 민사소송을 제기하기도 하여 일선 교사들의 어려움을 가중시키고 있습니다.

사건이 일어났을 때 이를 법률적으로 해결하기 위해서는 여러 가지 방법과 절차들이 있습니다. 가령 누군가를 때리거나, 누군가로부터 맞은 경우를 생각해봅시다. 우선 맞은 사람이 경찰에 고소해서 때린 사람에게 형사처벌을 받게 할 수 있고, 더불어 치료비 등 손해배상을 요구할 수 있습니다. 이때 때린 사람, 즉 가해자에게 형사처벌을 받게 하거나 혹은 치료비 등 손해배상 책임을 묻기 위해서는 형사절차, 민사절차를 각각의 법률에 따라 각각의 법원에서 판단하도록 해야 합니다. 종종 이를 구별하지 않고 '고소해서 손해배상책임을 묻다' 정도로 혼용해서 쓰기도 합니다. 물론 형사 절차 안에서도 손해배상 책임을 물을 수 있는 제도가 있지만 이는 엄밀히 말하면 형사 절차 안에서 민사적인 부분을 해결할 수 있다는 의미입니다. 따라서 사례의 학부모처럼 선생님에게 손해배상책임을 묻겠다는 것은 선생님을 피고로 손해배상청구소송

---

1 한국교원단체총연합회, 보도자료 중 '2018년도 교권회복 및 교직상담 활동 실적', 2019. 5. 2.

을 제기하겠다는 뜻입니다.

따라서 이번 장에서는 우선 민사소송의 일반적인 절차를 살펴본 후 학교에서 발생할 수 있는 형사소송, 소년재판의 절차를 살펴보고자 합니다.

민사소송은 원고의 소장으로부터 시작합니다. 원고가 관할[2] 법원에 소장을 접수하면 법원은 이 사건을 재판할 재판부를 정하고, 그 재판부는 소장 부본[3]을 피고에게 전달합니다. 피고는 소장을 받은 후 원고의 청구에 대한 답변서를 작성하여 해당 법원 재판부(둘 다)에 제출합니다. 해당 법원은 소장과 답변서를 받아 본 이후에 변론기일[4]을 잡아 양쪽 당사자에게 통보합니다. 첫 변론기일에는 원·피고가 주장하는 내용을 정리합니다. 쟁점이 되는 부분에 있어서 필요하다면 다시 변론기일을 잡아 해당 쟁점에 대한 양쪽 당사자의 변론을 요구합니다. 다음 변론기일 전까지 원고와 피고는 해당 쟁점에 대해 준비서면을 제출하게 됩니다. 이렇게 변론기일이 진행되는 과정 중에 필요하면 증인을 신청할 수도 있고 문서를 제출하도록 하거나 현장 검증도 할 수 있습니다. 쟁점에 대한 판단을 위하여 여러 차례 변론기일을 잡은 이후 어느 정도 쟁점이 정리되어 재판부가 법리적 판단을 할 수 있게 되면 선고기

---

2 특정 사건을 어떤 법원이 재판권을 행사하는지 정한 것

3 소장 원본과 똑같이 만든 서류.

4 소송행위를 하기 위해 법원, 당사자, 그 밖의 소송관계인이 모이는 일자.

일을 정하여 판결하게 됩니다.

원고의 소장 접수부터 선고기일까지 얼마나 걸릴까요? 사안마다 천차만별입니다. 한 번의 변론기일로 끝날 수도 있고 혹은 몇 년이 걸릴 수도 있습니다.

우리나라에서는 억울한 사람이 생기지 않도록 하기 위해서 민사 · 형사 · 행정 · 가사재판은 3번의 기회를 주고 있습니다. 제1심 법원(지방법원 또는 지원)의 판결에 불만이 있다면 제2심 법원(고등법원 또는 지방법원 본원합의부)에 항소를 할 수 있고 제2심 법원의 판결에 중요한 법률적 다툼이 있는 경우에는 제3심 법원(대법원)에 상고를 하여 판단을 받을 수 있습니다. 항소와 상고는 당사자가 법률에서 정한 기간 안에 해당 법원에 항소장 또는 상고장을 접수하여야 진행됩니다.

또한 소송은 비용이 듭니다. 소송비용은 패소한 당사자가 부담합니다[5]. 소송비용에는 인지액, 송달료, 감정료, 증인여비 등 여러 가지 비용 및 특히 상대방의 변호사 선임료[6]도 포함됩니다. 물론 상대방 변호사 선임료 전부를 부담하여야 하는 것은 아닙니다. 변호사 보수의 소송비용 산입에 관한 규칙에 따라 소송비용에 산입되는 변호사의 선임료는 소송물가액에 따라 상대방이 변호사에게 지급한 금액의 일정 비율로 산정하게 되어 있습니다.

---

5 민사소송법 제98조(소송비용부담의 원칙) 소송비용은 패소한 당사자가 부담한다.

6 민사소송법 제109조(변호사의 보수와 소송비용) ①소송을 대리한 변호사에게 당사자가 지급하였거나 지급할 보수는 대법원규칙이 정하는 금액의 범위안에서 소송비용으로 인정한다.

공무원이 사안 처리를 잘못하여 발생한 손해배상을 청구하려면 먼저 국가배상이 적용되는지 따져봐야 합니다.

국가배상법에 따르면 공무원이 직무를 집행하면서 고의 또는 과실로 법령을 위반하여 타인에게 손해를 입힌 경우 그에 따른 배상책임이 있습니다. 그런데 법률을 보면 배상책임의 주체를 국가나 지방자치단체로 정해 놓고 있습니다.

왜일까요? 예를 들어 식당에서 점원이 손님에게 뜨거운 물을 제공하다 뜨거운 물을 손님에게 부어 손님이 화상을 입었다면 일차적인 책임은 점원에게 있지만 그를 고용한 사용자에게도 배상 책임이 있습니다. 이를 사용자책임이라고 합니다.

공무원도 마찬가지입니다. 공무원이 직무상 불법행위로 타인에게 손해를 끼친 경우에는 공무원을 고용한 국가 혹은 지방자치단체 역시 책임을 지는 것입니다. 그런데 위 법률에 따르면 책임의 주체를 공무원이 아닌 국가나 지방자치 단체로 한정하고 있습니다. 그렇다면 공무원은 배상책임이 없을까요? 그렇지 않습니다.

국가배상법에는 국가나 지방자치단체는 공무원의 불법행위가 고의 또는 중과실일 경우에 그 공무원에게 '구상'할 수 있음을 규정하고 있습니다. 즉, 일단 공무원의 불법행위에 대해서 국가 혹은 지방자치단체가 1차적으로 배상책임을 지고 피해자에게 배상을 해준 다음에 공무원의 불법행위에 고의 또는 중과실이 있다면 그에 대한 책임을 국가나 지방차지단체가 공무원에게 따로 묻겠다는 것입니다. 반대로 생각해보면 경과실일 경우에는 국가가 공무원에게 구상권을 행사하지 않는다는 겁니다. 공무원의 불법행위가 고의·중과실로 발생한 것인지 경과실로 발생한 것인지 여부는 소송을 통해서 밝혀내야 할 부분입니다.

그렇다면 학교폭력이 발생했을 때 교사가 책임져야 할 상황에는 어떤 것이 있을까요?

교사는 교육 관련 법령에 따라 학생을 보호, 감독할 의무를 지고 있습니다. 그러나 학교 안에서 학생의 모든 생활관계에 그 의무가 미치는 것은 아니고, 학교에서의 교육활동 및 이와 불가분의 관계에 있는 생활관계에서만 보호, 감독할 의무가 있습니다. 그렇다고 교육활동 중에 일어난 사고에 대해서 모두 책임을 지는 것도 아닙니다. 여러 가지 사정을 종합적으로 고려해서 그러한 사고가 학교생활에서 통상 발생할 수 있다고 예측되거나 또는 예측가능성이 있는 경우에만 책임을 집니다. 예측되거나 예측가능함에도 불구하고 그러한 사고가 났다면 그에 대해 교사는 보호, 감독의무 위반으로서 책임을 지는 것입니다(대법원 2007. 4. 26. 선고 2005다24318 판결).

새 학기가 시작되고 한 달이 지난 즈음, 다른 반 학생이 쉬는 시간에 들어와 반 학생을 마구 때려 반 학생이 크게 다쳤습니다. 학생의 보호자는 어떻게 학교 쉬는 시간에 이런 일이 발생할 수 있느냐며 담임선생님과 학교장에게 손해배상을 청구한 사건이 있었습니다.

법원이 사안을 살펴보니 새 학기를 맞이하여 학교에서는 이미 여러 차례 학교폭력 예방교육도 실시하였고, 각 반에서도 자체적으로 학교폭력 예방을 위한 수칙을 만드는 등 노력을 한 사실이 있었습니다. 따라서 쉬는 시간에 느닷없이 다른 학급 학생이 들어와 폭행하는 것은 예측 가능하지 않으므로 그에 대한 손해배상책임을 부정하였습니다.

그렇다면 사립학교 선생님의 경우는 어떨까요?

사립학교의 교원은 국가배상 절차의 당사자가 될 수 없습니다. 사립학교 교원은 공무원이 아니기 때문입니다. 따라서 민법상 일반 불법행위로서 책임과 더불어 사립학교의 설치자 또는 경영자 역시 민법에 의해 사용자 책임을 부담합니다.

결론적으로 사안 처리를 잘못했다는 사실만으로는 해당 교사의 손해배상책임이 바로 인정되는 것은 아닙니다. 국공립학교의 교원은 국가배상 제도를 통해서 그리고 사립학교의 교원은 일반 민법상 불법행위에 따른 손해배상 책임이 있는지 여부에 따라서 각각의 의무를 위반했는지 그리고 그에 따른 책임이 있는지를 따집니다. 더 나아가 국공립 교원의 경우에는 그러한 의무 위반이 고의, 중과실인지 혹은 경과실인지를 따져 책임 여부가 결론이 납니다.

형사처벌

학부모가 저를
고소한다고 합니다

교사　담임교사입니다. 반에서 학교폭력이 발생하여 피해학생과 가해학생 학부모에게 알리고 이를 학교폭력으로 신고하였습니다. 학교폭력으로 처리하는 과정에서 담임교사로서 관련 학생 보호자들과 상담을 했습니다. 특히나 가해학생 학부모님이 피해학생 학부모와 만나 화해를 하고 싶다며 담임교사인 제가 적극적으로 중재해주길 원했으나 피해학생 학부모님이 원하지 않아 그럴 수도 없었습니다. 가해학생 학부모도 이를 수긍하는 듯이 보였으나 가해학생에 대한 조치가 예상보다 강하게 나오자 돌변하여 담임교사로서 적극적으로 중재를 해주지 않고 소극적으로 대응해서 이런 결과가 나왔다며 직무유기로 저를 고소한다고 합니다. 시간을 쪼개며 열심히 상담까지 해드렸는데 허무하기도 하고 교사로서 회의가 들기도 합니다. 고소당하면 앞으로 어떤 일이 일어나나요?

변호사　경찰 그리고 검찰의 수사 그리고 검찰의 기소 이후 법원의 판결에 의해 처벌의 수위가 결정됩니다.

> **관련법** 형사소송법 제223조, 제234조, 448조

직무유기로 고소하겠다는 학부모!
대처방법은 있을까요?

아뿔싸! 교사로서 보호자에게 성실히 상담도 해주고, 피해학생과 가해학생이 학교폭력 절차 안에서 상처받지 않게 신경도 많이 썼는데 결국 이런 결과가 돌아오다니요. 일부 학부모는 여기서 그치는 것이 아니라 민원부터 시작해서 인권위원회에 제소하거나 언론에 알리겠다고도 합니다. 결국, 담임교사는 정신적인 피로가 쌓여 병가를 내거나 급기야는 학교를 그만두기까지 하죠.

안타까운 이야기지만 학부모가 선생님을 고소하고 경찰에서 선생님을 소환하면 심적 부담이 상당할 것입니다. 지피지기면 백전백승! 형사절차가 어떻게 진행되는지 알아야 적극적인 대응도 가능하겠죠.

우리는 늘 뉴스, 기사를 통해 검사의 구형이나 기소, 구속 등의 용어들을 보게 됩니다. 형사절차는 형사처벌이라는 최종목표를 향해 가는 과정이고, 이 최종목표에 이르기까지 고소, 수사, 구속, 송치, 기소, 공판, 구형, 선고 등의 절차를 거치게 됩니다.

앞선 사례들을 통해 설명했지만, 전체적으로 다시 정리해보겠습니다. 여기 학부모에게 고소당한 선생님이 있습니다. 고소장을 접수한 경찰은 수사에 착수합니다. 형사 절차의 시작은 수사입니다. 신고, 피해자의 고소, 제3자의 고발, 수사기관이 직접 사건을 인지하는 등 다양한 방법으로 수사가 시작됩니다. 여기서 고소와 고발의 차이에 대해 짚고 넘어가야 할 것 같습니다. 이 둘의 차이가 무엇인지 정확히 몰라 혼용하는 경우가 많기 때문입니다.

고소는 원칙적으로 범죄의 피해자가 합니다[7]. 단, 피해자의 법정대리인이거나 피해자가 사망한 때에는 그 배우자, 직계친족, 또는 형제자매가 고소할 수 있습니다. 고발은 고소와 달리 누구든지 할 수 있습니다[8]. 고발은 범죄 피해자가 아니더라도 제3자가 수사기관에 범인을 처벌할 것을 요구할 수 있습니다. 특히나 고발은 공무원의 의무입니다. 직무 수행 중 범죄행위를 인지하면 고발해야 합니다[9].

고소는 친고죄의 경우에 의미가 있습니다. 친고죄는 고소권자가 고소를 하여야만 검사가 기소할 수 있는 죄입니다. 따라서 친고죄는 고소권자가 고소를 취하하면 가해자를 처벌할 수 없습니다. 반면에 반의사불벌죄가 있습니다. 반의사불벌죄는 피해자가 가해자의 처벌을 원

---

7 형사소송법 제223조(고소권자) 범죄로 인한 피해자는 고소할 수 있다.

8 형사소송법 제234조(고발) ① 누구든지 범죄가 있다고 사료하는 때에는 고발할 수 있다.

9 형사소송법 제234조(고발) ②공무원은 그 직무를 행함에 있어 범죄가 있다고 사료하는 때에는 고발하여야 한다.

하지 않는다면 처벌할 수 없는 죄입니다. 반의사불벌죄는 고소, 고발과 상관없이 검사가 기소할 수 있습니다. 다만 형사절차 중 피해자가 처벌을 원하지 않는다는 의사를 표시하면 처벌을 할 수가 없습니다.

수사가 개시되면 피의자는 조사를 받습니다. 경찰에 출석하거나, 마찬가지로 검찰에 출석하여 사건에 대해 조사를 받게 됩니다. 이때 수사기관은 죄를 범했다고 의심할 만한 상당한 이유가 있고, 피의자가 도주의 염려가 있거나 혹은 증거인멸의 염려가 있는 경우에는 구속하여 수사할 수 있습니다. 구속은 법원이 발부한 영장에 의해서만 할 수 있습니다. 경찰은 검사에게 구속영장을 신청하고, 검사는 판사에게 직접 구속영장을 청구하여 발부받습니다.

여기서 잠깐, 또 하나 많이 혼동하는 개념인 피의자와 피고인이 있습니다. 피의자와 피고인은 공소제기 전후에 따라 나뉩니다. 공소가 제기되기 전에는 피의자로 범죄 혐의에 대해 수사를 받고, 공소가 제기되면 피고인으로 법원의 재판을 받습니다.

경찰은 사건을 수사한 이후 이를 검찰로 넘기게 됩니다. 이를 '사건을 송치한다'라고 합니다. 검찰은 경찰에서 수사한 내용과 검찰에서 수사한 내용을 통해 기소 여부를 결정합니다. 기소는 피의자가 범죄의 혐의가 있다고 판단하여 법원에 판단을 요구하는 것으로, 공소장을 법원에 접수하는 것입니다. 우리나라에서 기소권은 검사가 가지고 있으므로 기소 여부는 검사만 결정할 수 있습니다.

보통 검사가 법원에 어떠한 것을 요청할 때 용어 앞에 '구※' 자가 붙습니다. 법원에 정식재판을 청구하는 경우는 '구공판', 약식명령을 청구하는 경우는 '구약식', 재판이 진행되고 최종적으로 범죄의 혐의가 있는 피고인에게 형을 청구하는 경우에는 '구형'이라는 용어를 사용합니다.

약식명령[10]은 형사재판에서 약식절차에 따라 벌금, 과료 또는 몰수 등의 재산형을 내리는 지방법원의 재판입니다. 약식명령은 공판절차 없이 서면 심리만으로 진행됩니다. 약식명령의 결정이 나오게 되면 피고인은 약식명령의 고지를 받은 날로부터 7일 이내에 정식재판을 청구할 수 있습니다.

정식재판은 공판절차가 진행되는 재판입니다. 공판절차는 보통 쟁점이나 증거관계에 대해 정리하고 피고인이 공소사실을 부인하는 경우 이에 대한 피고인 신문절차 등을 거쳐 최종변론을 마치게 되면 선고로 유·무죄를 결정합니다. 선고된 판결에 대해서 피고인은 7일 이내에 상소를 제기할 수 있습니다. 이처럼 수사개시부터 선고에 이르기까지 얼마나 걸리는지 궁금해하시지만, 정해진 기간이 있는 것은 아닙니다. 쟁점이 복잡하거나 사실확인이 필요한 사안은 검사와 변호인의 공격과 방어가 치열하게 펼쳐지며 여러 번의 공판기일이 진행되고 장기간 이어지기도 합니다.

---

10 형사소송법 제448조(약식명령을 할 수 있는 사건) ①지방법원은 그 관할에 속한 사건에 대하여 검사의 청구가 있는 때에는 공판절차 없이 약식명령으로 피고인을 벌금, 과료 또는 몰수에 처할 수 있다.

종합하여 정리하자면, 고소 또는 고발이 있으면 경찰은 사건을 접수하여 수사합니다. 경찰이 수사한 결과를 검찰로 송치하면 검사 역시 필요한 조사를 하며 기소 여부를 결정합니다. 검사가 기소하면 재판이 진행되고 고소당한 자(피고소인)는 피의자에서 피고인으로 신분이 바뀝니다. 공판에서 공방을 거친 후 범죄 요건 및 양형기준을 고려하여 유·무죄를 선고합니다. 재판 결과에 따라 약식재판이었다면 정식재판을 청구할 수 있고, 정식재판이었다면 상소할 수 있습니다. 이러한 절차를 거쳐 유·무죄가 확정되는 것입니다.

🐟TIP 직무유기죄란?

직무유기죄는 공무원이 정당한 이유 없이 직무를 유기하거나 거부하여야 성립하는 범죄입니다. 이는 '직무태만'과 구분해야 하는데 직무유기는 직무태만보다 더 적극적인 개념입니다. 직무를 불성실하게 하였나 미숙하게 했다고 하여 바로 직무유기죄가 성립하는 것이 아닙니다. 종종 두 개념을 혼동해서 일을 제대로 하지 못하였다는 이유만으로 직무유기죄가 성립하는 것으로 오해하곤 합니다.

일례로 반에서 따돌림이 발생하여 여학생이 투신한 사건에서 담임교사가 집단 따돌림을 인지하여 주의 정도에 그친 경우 적극적으로 대책을 강구하거나 보호감독 의무를 소홀히 한 점은 인정되나 직무유기죄는 성립하기 어려워 무죄로 판결된 판례도 있습니다.

· Q3 ·

소년보호재판

우리 반 학생이
보호처분을 받았습니다

교사　평소에도 사고를 많이 일으키던 A 학생에 대해 이런저런 걱정이 많았습니다. 학교폭력은 물론이고 선도위원회의 선도조치 역시 이미 여러 차례 받았기 때문입니다. 교사가 생활지도를 하여도 그때뿐이거나 오히려 반항하는 경우도 있었습니다. 언젠가부터 이 학생이 학교를 나오지 않아 보호자에게 연락했지만, 보호자도 소재 파악이 안 된다고 했습니다. 그런데 어느 날 경찰에서 이 학생이 다른 학생들의 돈을 갈취하고 폭력을 행사하여 현재 소년분류심사원에 있고 앞으로 보호처분을 받을 예정이라고 알려왔습니다. 보호처분이란 무엇이고 이 학생은 어떻게 되나요?

변호사　학생 A는 가정(지방)법원 소년부에서 소년법상 1호에서 10호 처분 중 필요한 처분을 받을 수 있습니다.

🗳 **관련법 소년법 제32조**

소년보호처분?
소년분류심사원?

부산 여중생 집단폭행 사건, 인천 중학생 추락사 사건 등 청소년에 의한 강력 범죄가 뉴스를 도배할 때면 으레 형사처벌을 하는 연령을 낮추거나 소년법을 폐지하자는 논쟁이 뜨거워집니다. 국가인권위원회는 소년 범죄에 대한 엄벌주의가 실효적인 대안이 아니어서 반대하는 입장을 내기도 하였습니다.[11]

우리나라 형법상 우리나라 형법에서는 만 14세 이상부터 형사책임이 있다고 정하고 있습니다[12]. 따라서 사례의 A 학생이 만 14세 이상이라면 형사처벌도 가능합니다. 그러나 만 14세 미만이라면 형사처벌은 받을 수 없습니다. 당연하게도 형사처벌은 형사법원에서 판단합니다.

---

11 국가인권위원회 보도자료, "소년법 적용연령 낮추지 말아야" — 인권위, 법무부 소년법 개정안 적용연령 인하에 대한 의견표명, 2007. 10. 18.

12 형법 제9조 형사미성년자 14세 되지 아니한 자의 행위는 벌하지 아니한다.

형사처벌에 대해서는 앞에서 다루었으므로 이 장에서는 소년법상 소년이 받게 되는 보호처분에 대해서 살펴보고자 합니다.

만 19세 미만의 학생이라면 보호처분이 가능합니다. 형법이 형사책임이 있는 나이를 만14세로 규정하였다고 해서 만 14세 이상의 학생이라면 꼭 형사처벌을 받는 것은 아닙니다. 만 19세 미만의 소년은 사안의 경중이나 여러 가지 정황 요소들을 고려하여 보호처분을 받을 수 있습니다.

보호처분은 소년보호재판을 통해 결정됩니다. 소년보호재판은 가정법원 소년부 혹은 지방법원 소년부에서 담당하고 범죄소년, 촉법소년, 우범소년의 사건을 심리합니다. 소년보호재판에서 보호사건으로 심리하는 대상은 다음과 같습니다.

구분	연령	비고
범죄소년	만14세 이상 만 19세 미만	죄를 범한 소년
촉법소년	만 10세 이상 만 14세 미만	형벌 법령에 저촉되는 행위를 한 소년
우범소년	만 10세 이상	만 10세 이상의 소년이지만 법에서 정하는 사유가 있고 그의 성격이나 환경에 비추어 앞으로 형벌 법령에 저촉되는 행위를 할 우려가 있는 소년

표를 보면 만 10세 미만의 학생은 형사처벌 대상도 아니고 보호처분 대상도 아닙니다. 이런 경우 학교는 학교폭력일 경우 학교폭력 절차를 밟아야 하고 그 외에 선도가 필요한 상황이면 선도조치를 할 수 있습

니다.

사례의 A 학생을 만 14세라고 가정해 보겠습니다. 신고가 되었으므로 경찰은 사건을 접수해서 조사할 것입니다. 조사가 끝나게 되면 이를 검찰로 송치하게 됩니다. 만약 촉법소년(만 14세 미만~만 10세 이상)이라면 경찰서장은 직접 가정(지방)법원 소년부에 송치합니다. A 학생의 사건을 경찰로부터 송치받은 검사는 그 수사결과 사건이 보호처분에 해당하는 사유가 있다고 인정할 때에는 사건을 가정(지방)법원 소년부에 송치하여야 합니다. A 학생의 사건을 송치받은 가정(지방)법원은 이를 조사, 심리하고 그 결과 그 사건의 동기와 죄질이 금고[13] 이상의 형사처벌을 할 필요가 있다고 인정할 때에는 다시 검사에게 돌려보낼 수 있습니다. 이와는 달리 만약 위 사건을 담당한 검사가 A 학생의 형사처벌을 위해 기소를 하였다고 하더라도 형사법원은 A 학생에 대한 사건을 심리한 결과 마찬가지로 보호처분에 해당할 사유가 있다고 인정하면 결정으로 사건을 마찬가지로 가정(지방)소년부에 송치할 수 있습니다.

이러한 과정을 모두 거치고 소년보호사건으로 접수가 되었다면 법원은 그 사건에 대하여 조사를 하고 난 후 심리를 하여 A 학생에 대한 보호처분 여부를 결정할 것입니다. 물론 조사나 심리하는 과정에서 필요하다면 소년부 판사는 조사나 심리가 끝날 때까지 임시조치를 취해줄 수 있습니다. 보호자, 소년을 보호할 수 있는 적당한 자 또는 시설에 위

---

[13] 수형자를 교도소에 구치하는 형벌입니다. 다만 징역형과 다르게 수형자에게 노역을 부과하지 않습니다.

탁하거나 소년분류심사원에 위탁할 수 있습니다.

만약 A 학생이 보호처분을 받기 위해 법원 소년부의 조사나 심리 혹은 소년분류심사원에 있어 출석을 하지 못하는 경우 이 학생의 출석은 어떻게 될까요? 법률에 의하면 학생에 대해 조사, 심리하는 기간이나 소년분류심사원에서 머무는 동안 학교에 나오지 못하더라도 출석 일수로 인정하도록 되어 있습니다[14]. 참고로 만약 A 학생이 소년보호재판이 아니라 범법행위로 구속되어 구치소에 있거나 형사처벌을 받아 교도소에 수감되는 경우에는 무단결석 처리합니다.

소년부 판사는 조사와 심리를 통하여 보호처분을 할 것인지 결정합니다. 만약 A 학생이 보호처분이 필요 없다면 불처분을 내리겠지만 필요하다고 인정되면 여러 가지 보호처분 중에 필요한 처분을 합니다. 소년부 판사가 내릴 수 있는 보호처분 중 소년원 송치 처분이 있습니다. 소년원은 형사처벌로써 징역을 선고받아 가게 되는 교정 시설인 교도소와는 다른 곳입니다. 소년원은 일종의 교정교육시설입니다. 교육시설이므로 만약 A 학생이 소년원 처분이 내려져 소년원에 가게 된다면 입학, 전학, 편입학한 것으로 보면 됩니다.[15]

---

14 보호소년 등의 처우에 관한 법률
제31조(학적관리) ②「초·중등교육법」제2조의 학교에서 재학하던 중 소년분류심사원에 위탁되거나 유치된 소년 및「소년법」제32조 제1항 제8호의 처분을 받은 소년의 수용 기간은 그 학교의 수업일수로 계산한다.

15 보호소년 등의 처우에 관한 법률 제31조 1항 보호소년이 소년원학교에 입교하면「초·중등교육법」에 따라 입학·전학 또는 편입학한 것으로 본다.

지금까지 학생 B가 문제를 일으켰을 경우 대략적인 처분 과정을 살펴보았습니다. 위에서 잠깐 언급하였듯 형사처벌 연령을 낮추자는 논의가 있습니다. 학생들의 폭력행위가 날로 심각해지고 그 연령대 또한 낮아지자 아무리 심각한 범죄를 저질러도 보호처분조차 받지 않는 만 10세 미만이나 형사처벌을 할 수 없는 만 14세 미만의 학생들을 우리 사회는 어떻게 안고 갈 것인지 고민이 시작된 것이죠. 형사처벌의 목적에는 범죄 행위에 대한 응당한 처벌의 의미도 있지만 교정, 교화의 목적도 무시할 수 없습니다. 자신의 행위에 대해 정당한 책임을 지는 것은 마땅하지만 성인과 달리 미성년未成年인 학생들의 행위에 대해 강력한 처벌만이 답이 될지 개인적으로 의문이 들기는 합니다. 날로 강력해지는 학교폭력과 소년 범죄를 우리 사회가 어떻게 대응할 것인지 사회적으로 충분한 논의가 이루어져야 하겠습니다.

소년법에 따르면 판사는 소년보호처분 사건을 심리한 결과 필요가 있다고 인정하면 다음과 같은 처분을 하여야 합니다.

1. 보호자 또는 보호자를 대신하여 소년을 보호할 수 있는 자에게 감호 위탁
2. 수강명령
3. 사회봉사명령
4. 보호관찰관의 단기短期 보호관찰
5. 보호관찰관의 장기長期 보호관찰
6. 「아동복지법」에 따른 아동복지시설이나 그 밖의 소년보호시설에 감호 위탁
7. 병원, 요양소 또는 「보호소년 등의 처우에 관한 법률」에 따른 소년의료보호시설에 위탁
8. 1개월 이내의 소년원 송치
9. 단기 소년원 송치
10. 장기 소년원 송치

악성민원

학부모가 매일 민원을
제기합니다

 교사　학부모가 일과 중, 일과 후를 가리지 않고 제 업무 방식에 불만을 제기하거나 제가 처리할 수 없거나 해야 할 일도 아닌데 무리한 요구를 하고 있습니다. 최근에는 자신의 요구를 들어주지 않자 전화로 욕을 하기도 합니다. 심지어 국민신문고를 통해 제가 학부모와의 소통을 소홀히 하는 교사라며 처벌을 요구하는 민원을 지속적으로 올리고 있습니다. 한 번 전화를 걸면 수십 분 통화는 기본이고, 국민신문고의 답변을 하느라 일상적인 업무에 매우 지장이 큽니다. 정신적으로도 힘들어 정신과 치료를 받고 있는 상황입니다. 과도한 학부모의 민원, 공무집행방해나 업무방해에 해당하지 않을까요?

 변호사　공무집행방해죄가 성립하기 어렵습니다.

📖 **관련법** 형법 제136조 공무집행방해죄, 형법 제314조 업무방해죄

악성민원, 공무집행방해죄가
성립할 수 있을까요?

　민원은 국민의 보장되어야 할 정당한 권리입니다. 법률에도 이를 규
정하고 있습니다[16]. 국민은 민원을 통해서 행정상 필요한 처분을 할 수
있도록 요구할 수 있습니다.

　하지만 국민의 정당한 권리인 민원을 악용하는 경우가 있습니다. '악
성' 민원인이 대표적입니다. 학교에서도 종종 악성 민원을 마주하는 경
우가 발생합니다. 학부모가 학교에 불만을 느끼고 매일 민원을 제기할
수도 있습니다. 민원의 내용이 이유가 있고 필요하다면 처리 가능한 범
위에서 민원을 해결해주어야 할 것입니다. 그러나 다분히 괴롭히기 위
한 목적이거나 또는 본인의 뜻을 관철하기 위하여 업무를 수행하는 데
심각한 방해가 될 정도의 민원이라면 그 자체로 공무집행방해죄나 업
무방해죄가 성립할 수 있지 않을까요?

---

16 민원 처리에 관한 법률 제2조 (정의) 1. "민원"이란 민원인이 행정기관에 대하여 처분 등 특정한 행위를
　요구하는 것을 말하며….

사안 처리에 불만을 품은 학부모가 전화로 교사에게 욕설을 하거나 자신이 원하는 방향으로 이끌기 위해서 해당 교사에게 업무시간 내 혹은 업무시간 외에 전화를 수시로 걸어와 업무수행이 힘든 경우에도 공무집행방해 혹은 업무방해죄가 성립할까요?

일단 공무집행방해죄부터 살펴보겠습니다. 형법상 공무집행방해죄는 직무를 집행하는 공무원에 대하여 폭행 또는 협박을 해야만 성립하는 범죄입니다[17]. 폭행은 '신체에 대한 일체의 불법적인 유형력의 행사'를 뜻합니다. 행위로 인하여 상대방에게 꼭 어떠한 결과가 있어야 할 필요는 없습니다. 가령 주먹으로 때려서 멍든 경우 주먹으로 때린 행위가 폭행인 것이지, 때려서 맞았기 때문에 혹은 멍이 들었기 때문에 폭행인 것은 아닙니다. 학교로 상담을 하러 온 학부모가 상담 도중 고성을 지르고 나에게 삿대질을 하며 위협을 하거나, 혹은 주변의 의자를 나를 향해 던졌으나 맞지는 않거나, 컵에 들어있는 물을 나에게 확 뿌린 경우 등 이러한 행위들을 모두 폭행으로 볼 수 있습니다.

한편 형법상 협박은 그 내용이 일반적으로 사람으로 하여금 공포심을 일으킬 정도의 해악을 고지하는 것을 의미합니다. 단순히 고성이나

---

17 형법 제136조(공무집행방해) ① 직무를 집행하는 공무원에 대하여 폭행 또는 협박한 자는 5년 이하의 징역 또는 1천만 원 이하의 벌금에 처한다. 〈개정 1995. 12. 29.〉

② 공무원에 대하여 그 직무상의 행위를 강요 또는 조지하거나 그 직을 사퇴하게 할 목적으로 폭행 또는 협박한 자도 전항의 형과 같다.

악담만으로는 협박으로 보기 어렵습니다. 마찬가지로 단순 경고나 욕설도 협박은 아닙니다.

공무집행방해죄는 위와 같이 폭행 또는 협박의 행위가 있을 경우에 성립하는 범죄이므로 악성 민원 자체만으로는 공무집행방해죄가 성립하기 어렵습니다. 다만 그 민원을 제기하는 과정에서 공무를 수행하는 공무원에 대해 폭행을 하거나 전화 통화 혹은 대면 상담 시 대화 중에 협박의 내용이 있다면 공무집행방해죄가 성립할 수 있습니다.

그렇다면 폭행 또는 협박까지는 아니어서 공무집행방해죄는 성립하지 않지만 국 · 공립학교에 와서 소란을 피워 업무를 방해하였다면 업무방해죄는 성립하지 않는지 궁금하실 것 같습니다. 그러나 일찍이 대법원은 이러한 경우 업무방해죄는 성립할 수 없다고 보았습니다. 간단히 말하면 대법원은 업무방해죄에서 말하는 업무 안에 공무는 포함이 되지 않는다고 보았습니다. 즉, 법률은 공무에 대해서는 공무원에 대한 폭행, 협박 또는 위계 정도에 한하여 처벌하고자 공무집행방해죄를 규정하였고 별도로 공무집행방해죄 이외에 업무방해죄를 따로 규정하고 있으므로 사적인 업무에 대해서는 업무방해죄 그리고 공무에 대해서는 공무집행방해죄로 처벌해야 한다는 것입니다. 따라서 국공립학교에서 교사가 직무를 수행하다가 폭행, 협박을 당했다면 공무집행방해죄를 검토해 보아야 하고 사립학교에서는 비슷한 상황에서 업무방해죄가 성립하는지 따져봐야 합니다.

물론 지금까지의 논의는 악성민원을 형사처벌할 수 있는지에 대한 것입니다. 그러나 학부모의 반복된 악성 민원이 불법 행위로 인정되고, 선생님의 정신적 피해가 민원이 원인이 된 것이라면 민사상 손해배상 청구를 하실 수 있습니다. 또한 이러한 행위가 형사처벌 대상은 아니지만 교육활동 침해행위는 될 수 있습니다. 그런 경우 피해 선생님은 학교로부터 보호조치를 받을 수 있습니다

🔖 TIP 공무집행방해죄와 업무방해죄에 대한 대법원 전원합의체 판결

[대법원 2009. 11. 19., 선고, 2009도4166, 전원합의체 판결] 다수의견 요약

① 형법상 업무방해죄는 업무를 통한 사람의 사회적, 경제적 활동을 보호하려는데 있다.

② "업무"란 직업 또는 계속적으로 종사하는 사무나 사업을 말하고, '사무' 또는 '사업'은 단순히 경제적 활동만을 의미하는 것이 아니라 널리 사람이 그 사회생활상의 지위에서 계속적으로 행하는 일체의 사회적 행위를 의미한다.

③ 공무방해죄에서의 '직무의 집행'이란 널리 공무원이 직무상 취급할 수 있는 사무를 행하는 것을 의미하며 이 죄가 목적으로 하는 것은 공무원에 의하여 구체적으로 행하여지는 국가 또는 공공기관의 기능을 보호하고자 한다. 다만 이때 직무의 집행은 적법한 공무집행이어야 보호받을 수 있다.

④ 이처럼 업무방해죄와 공무집행방해죄는 그 보호법익과 보호대상이 상이하고, 공무집행방해죄와 업무방해죄를 따로 구별하여 규정하고 있는 것은 사적 업무와 공무를 구별하여 공무원에 관해 서는 공무원에 대한 폭행, 협박 또는 위계의 방법으로 그 집행을 방해하는 경우에 한하여 처벌하겠다는 취지라고 보아야 하고 따라서 공무원이 직무상 수행하는 공무를 방해하는 행위에 대해서는 업무방해죄로 처벌할 수 없다.

통신비밀 보호법, 민사상 불법행위

폭언하는 학부모와의 전화통화,
녹음해도 될까요?

교사　오늘도 시작되는 학부모와의 통화. 이제 전화벨 소리만 들려도 소름이 끼치고 가슴이 답답해져 옵니다. 통화시간은 1시간은 기본이고 자기 뜻대로 되지 않으면 고래고래 소리를 치거나 혹은 "너 같은 게 선생이냐"며 폭언까지…. 이 모든 걸 들어주기만 하자니 너무나 괴롭습니다. 그래서 저도 적극적으로 대응하기 위해 학부모와의 전화를 녹음하려고 합니다. 그런데 막상 통화내용을 녹음하겠다고 동의를 구하면 학부모는 예전에 했던 것과는 정반대로 행동할 것이고 그럼 의미가 없을까봐 걱정입니다. 상대방 학부모의 동의를 받아야 할까요?

변호사　아니요. 대화의 참여자라고 한다면 동의 없이 녹음 가능합니다.

🏛 **관련법** 통신비밀보호법 제3조, 제14조, 제16조

핵심은 자신이 대화에 참여했는지
안 했는지!

　학교 현장에서 녹음이나 녹취[18]에 대한 질문들이 많습니다. 주로 녹음이 필요한 상황(학부모와 상담 시 녹음이 필요한 상황, 혹은 전화를 하면서 녹음이 필요한 상황 등등)에서 상대방의 동의 없이 녹음이 가능한지를 많이 물어보십니다. 기존에는 녹음을 하려면 따로 녹음하기 위한 장비나 기기가 필요했지만, 휴대전화 기술이 발전하다 보니 지금은 간단하게 휴대전화만으로도 어느 상황에서건 녹음이 가능한 세상이 되었기 때문인 것 같습니다.

　상대방 동의 없이도 녹음이 가능한지, 동의 없이 녹음한 내용은 증거 능력이 인정되는지, 그럴 경우 형사처벌을 받지는 않는지 질문이 마구 떠오르시죠. 그 해답은 법전에서 찾아야 합니다. 법에서 상대방의 동의가 있을 때에만 녹음이 가능하다고 정해두었는지 말입니다.

---

18 주로 음성을 '녹음'하고 녹음된 내용을 글로 옮겨 기록한 것을 '녹취'라고 합니다. 재판을 진행하는 경우 '녹취록'을 서면 증거로 제출하게 됩니다.

통신비밀보호법상 금지하고 있는 것은 '공개되지 아니한 타인 간의 대화를 녹음 또는 청취'입니다. 이 법률에서 보호하고 있는 것은 공개되지 아니한 타인 간의 대화이므로 동의 여부가 문제가 되는 것이 아니라 녹음 혹은 청취하는 자가 대화에 참여하였는지, 아닌지가 그 기준이 됨을 의미합니다[19].

녹음하는 자가 대화의 참여자라 한다면 더 이상 그 대화는 '타인 간'의 대화가 아니므로 동의가 없이도 녹음할 수 있습니다. 전화를 하고 있다면 당연히 통화를 하는 '나'는 대화의 참여자이므로 상대방 동의 없이도 녹음이 가능하며 이는 통신비밀보호법 위반이 아닙니다.

그러나 만약에 A와 B가 대화하고 있는데 '나'는 가만히 지켜만 보면서 대화에는 참여하지 않은 채로 녹음'만'을 하고 있었다면 이 경우는 통신비밀보호법 위반입니다. 만약 내가 A, B의 대화에 참여한 이후부터 녹음을 하였다면 A, B의 동의 없이도 녹음이 가능합니다.

통신비밀보호법을 위반하여 취득한 녹취록은 증거능력이 있을까요? 우리나라 형사소송법에는 적법한 절차에 따르지 아니하고 수집한 증

---

[19] 통신비밀보호법 제3조(통신 및 대화비밀의 보호) ① 누구든지 이 법과 형사소송법 또는 군사법원법의 규정에 의하지 아니하고는 우편물의 검열·전기통신의 감청 또는 통신사실 확인자료의 제공을 하거나 공개되지 아니한 타인간의 대화를 녹음 또는 청취하지 못한다.

　제14조(타인의 대화비밀 침해금지) ① 누구든지 공개되지 아니한 타인 간의 대화를 녹음하거나 전자장치 또는 기계적 수단을 이용하여 청취할 수 없다.

　제16조(벌칙) ① 다음 각호의 어느 하나에 해당하는 자는 1년 이상 10년 이하의 징역과 5년 이하의 자격정지에 처한다. 〈개정 2014. 1. 14., 2018. 3. 20.〉

　1. 제3조의 규정을 위반하여 우편물의 검열 또는 전기통신의 감청을 하거나 공개되지 아니한 타인 간의 대화를 녹음 또는 청취한 자

거를 증거로 할 수 없는 규정이 있습니다[20]. 따라서 통신비밀보호법을 위반하여 수집된 증거는 위법하게 수집된 증거이므로 증거능력이 없습니다. 만약 통신비밀보호법을 위반하여 수집된 증거가 상대방의 위법한 행위를 밝히는 유일한 증거일 경우, 상대방의 행위를 밝힐 수 있는 증거가 없어 증거불충분으로 무죄가 될 수도 있습니다.

사례를 한번 살펴봅시다. 평소 담임교사의 언어폭력에 의한 아동학대 정황이 의심되어 학부모는 증거를 모으기 위해서 아이가 학교에 갈 때 가방 안에 녹음기를 넣어 보냅니다. 그리고 아이가 학교에 돌아온 후 아이의 가방에 실려 보냈던 녹음기의 내용을 확인해보니 아니나다를까 담임교사가 아이한테 한 막말이 녹음되어 있었습니다. 증거를 확인한 학부모는 해당 교사를 아동학대로 신고합니다. 그런데 담임교사는 학부모가 대화의 참가자가 아님에도 불구하고 교사와 아이의 대화를 녹음한 것으로 통신비밀보호법 위반으로서 증거능력이 없다고 주장합니다. 과연 담임교사의 주장은 받아들여졌을까요? 담임교사의 주장은 교사와 아이의 공개되지 않은 대화를 제3자가 녹음한 것으로 통신비밀보호법 위반이라는 것입니다.

담임교사의 주장처럼 타인 간의 대화를 녹음한 것이므로 통신비밀보호법 위반으로 본 판례들도 있으나, 통신비밀보호법 위반이 아니며 증

---

20 형사소송법 제308조의2(위법수집증거의 배제) 적법한 절차에 따르지 아니하고 수집한 증거는 증거로 할 수 없다.

거능력을 인정하는 방향의 판결들도 있습니다. 위와 같은 경우 피해아동 보호자의 녹음 관련 행위는 스스로 방어할 능력이 없는 아이를 위해 보호자가 학대행위를 막고자 한 행위이고 피해아동과 보호자는 밀접한 관련이 있어 통신비밀보호법 위반이 아니라는 하급심 판례도 있습니다. 법원은 개인의 사생활 보호라는 측면과 아동학대의 방지라는 공익적인 측면을 고려하여 구체적인 사실관계에 따라 판단을 하는 것으로 보입니다.

반면 동의 없이 대화를 녹음한 것은 특별한 사정이 없는 한 개인의 음성권을 침해하는 것으로 민법상 불법행위에 해당할 수 있다는 판례가 있습니다. 음성권은 헌법으로도 보장된 인격권의 하나로서 상대방의 동의 없이 녹음하는 것은 인격권을 침해하는 것으로 불법행위라고 본 것입니다. 다만 법원은 동의 없이 녹음하였다 하더라도 비밀녹음을 통해 달성하려는 정당한 목적이 있고 비밀녹음이 필요한 범위 내에서 이루어져 그 방법이 사회통념상 용인될 수 있는 행위라고 평가한다면 그러한 행위는 위법이 없다는 단서 조건을 붙여 판단하였습니다. 하지만 원칙은 동의 없는 녹음은 음성권의 침해이고 불법행위라서 그러한 행위로 손해가 발생했다면 손해배상 책임이 있다는 것입니다.

정리하자면 동의 없는 녹음은 녹음하는 사람이 대화의 참여자라면 통신비밀보호법 위반이 아니며 형사처벌의 대상이 되지 않습니다. 또한 법정에서 증거로 사용할 수 있습니다. 하지만 동의 없이 녹음하는 행위는 개인의 인격권인 음성권의 침해로 볼 수 있기 때문에 민사상의 손해배상 책임은 있을 수 있습니다. 녹음이 필요한 상황에서 상대방에게 동의를 구하고 녹음을 하는 것이 적절하겠지만 만약 그럴 수 있는 상황이 아니라면 상대방의 동의 없이 녹음도 가능합니다. 다만 그렇게 획득한 녹음내용은 본인의 권리구제나 정당한 목적을 위해 사용해야 할 것입니다.

🎙 TIP 음성권 침해에 따른 민사상 손해배상 청구

서울중앙지방법원 2019. 7. 10. 선고 2018나68478 판결 [손해배상(기)]

판결문 中 판단 부분

판단

"사람은 누구나 자신의 음성이 함부로 녹음되거나 재생, 방송, 복제, 배포되지 않을 권리를 가지는데, 이러한 음성권은 헌법 제10조 제1문에 의하여 헌법적으로도 보장되고 있는 권리이므로, 음성권에 대한 부당한 침해는 불법행위를 구성한다.

그러나 녹음자에게 비밀녹음을 통해 달성하려는 정당한 목적 또는 이익이 있고 녹음자의 비밀녹음이 이를 위하여 필요한 범위에서 상당한 방법으로 이루어져 사회윤리 또는 사회통념에 비추어 용인될 수 있는 행위라고 평가할 수 있는 경우에는, 녹음자의 비밀녹음은 사회상규에 위배되지 않은 행위로서 그 위법성이 조각된다고 보아야 한다."

내용증명

학교로 온 내용증명,
어떻게 답해야 할까요?

교사   학생 A와 학생 B 사이에 학교폭력이 발생해서 이미 조치까지 결정되어 마무리된 사건입니다. 그런데 어느 날 A의 학부모가 선임한 변호사가 내용증명을 보냈습니다. 내용증명에는 전혀 다른 사실관계에, A 학생 측의 일방적 주장만이 담겨있었고, 기한을 정하며 관련 답변을 하지 않으면 그에 따른 책임을 각오하라는 내용까지 있습니다. 답변을 안 하자니 이후에 불리하게 작용할 것 같고, 답변하자니 모두 세세히 밝히기 힘든 내용도 있습니다. 내용증명에 꼭 답해야만 할까요?

변호사   내용증명에 꼭 답해야 할 의무는 없지만 필요한 내용이라면 가급적 답변하는 것이 좋습니다.

> 📦 **관련법** 우편법 시행규칙 제25조

학교에 법적 책임을 묻겠다는
내용증명 한 통

 학부모 본인이 직접 쓴 내용증명을 학교로 보내기도 하고, 학부모가 변호사를 선임하여 변호사가 쓴 내용증명을 학교에 보낼 때도 있습니다. 학교로 온 내용증명에는 학교가 파악한 사실과 다른 사실관계에 이에 대한 학교의 입장이나 해명을 기한을 정해 요구하고, 답변하지 않을 경우 민형사상 대응을 하겠다는 내용도 포함되어 있을 겁니다. 내용증명을 받은 학교는 답변을 하지 않으면 불리한 상황에 처하는 것은 아닌지 내용증명 안에 있는 내용에 일일이 답을 다 해야 하는지 의문투성이입니다.

 우리는 일상생활을 하면서 무수히 많은 법률행위를 하곤 합니다. 돈을 빌려주거나 무언가를 계약하거나 임대를 하는 등 큰돈이 오가거나 하는 중요한 법률 행위를 할 때는 이를 계약서 같은 서류로 남겨 놓습니다. 하지만 말로 하는 법률행위, 즉 구두 계약도 효력은 있습니다. 그러나 법률적인 분쟁이 발생했을 때 나의 주장을 증명하기 위해서는 증거가 필요한데, 구두로 법률행위를 했다는 주장은 재판에서 증명력이 낮을 수밖에 없습니다. 어떠한 행위를 증명하기 위해서는 주로 서면, 즉 문서로 남겨 놓는 것이 증명하기에도 편하고 재판에서도 강력한 힘을 발휘합니다.

물론 서면이라고 하더라도 다 똑같은 힘을 발휘하지는 않습니다. 작성자의 의사가 담기고 서명이나 날인이 있는 문서나, 공신력이 있는 문서라야 재판 과정에서 유용하고 강력한 증거로서의 힘이 있습니다. 내용증명은 바로 그런 증거로서의 힘을 얻기 위해서 주로 사용된다고 보시면 됩니다. 법률적인 의사표시를 했는지, 했다면 언제 했는지, 그리고 상대방에게는 언제 도달하였는지 그 시점이 중요할 때가 있으므로 이를 우체국이 증명할 수 있도록 한 제도입니다[21].

따라서 내용증명 자체만으로 당장 소장이 날라오거나, 대답하지 않을 경우 그에 따른 법적 책임을 지지는 않습니다. 내용증명은 주로 본격적인 소송에 들어가기 전 상대방의 의사를 타진하거나, 추후 소송에서 쓸 증거를 확보하는 정도의 의미가 있습니다. 물론 내용증명을 받았다면 상대방이 소송 절차를 진행할 수도 있는 가능성을 예상할 수 있습니다.

---

21 우편법 시행규칙 제25조(선택적 우편역무의 종류 및 이용조건 등) ①법 제15조제3항에 따른 선택적 우편역무의 종류는 다음 각 호와 같이 구분한다.

4. 증명취급

가. 내용증명 : 등기취급을 전제로 우체국창구 또는 정보통신망을 통하여 발송인이 수취인에게 어떤 내용의 문서를 언제 발송하였다는 사실을 우체국이 증명하는 특수취급제도

그렇다면 내용증명에 답을 하지 않아도 되는 것일까요? 내용증명이 왔을 때 답변서를 꼭 보내야 하는 것은 아니지만, 내용증명은 증거로 활용될 수 있고 답변 일시나 그 내용을 공식적으로 증명하는 것이므로 상대방의 내용증명 내용에 따라 답변을 하는 것이 유리할 때도 있습니다. 가령 내용증명 안에 사실과 다른 내용이 있다면 답변을 하는 입장에서도 이를 확실히 하여 내용증명으로 답을 하거나, 혹은 상대방이 어떤 내용에 대해서 이행을 촉구하는 경우 이미 그 이행이 완료되었다면 이미 이행을 했다고 적어 내용증명을 보내는 것이 좋습니다. 이처럼 법률행위의 주요 사실은 충분히 재판에서 다툼이 있을 수 있는 내용이므로 이를 내용증명에서 확실히 하여 그에 대한 증거를 확보하는 것 역시 자신을 방어하는 역할을 하기 때문입니다.

내용증명의 형식은 딱히 정해져 있지는 않습니다. 최대한 상대방이 요구하는 답변을 정확하게 해주는 편이 좋습니다. 답변내용에는 법률행위를 한 주체, 시간, 상대방, 목적, 행위 등의 내용이 들어가도록 합니다. 내용증명을 발송할 때는 총 문서 3통이 필요합니다. 하나는 보내는 사람, 하나는 우체국이 보관, 나머지는 받는 사람에게 보내기 때문입니다.

막상 내용증명을 받게 되면 당황할 수 있습니다. 하지만 내용증명 자체만으로는 어떠한 일도 발생하지 않습니다. 내용증명에 쓰인 내용이 내용증명을 보냈다는 사실만으로 인정되지도 않습니다. 따라서 내용증명이 왔다면 차분히 상대방이 요청하는 내용에 대해 내 입장이 충분히 반영되도록 작성 가능한 범위 안에서 답변하면 됩니다.

교사가 묻고 변호사가 답하다

2020년 10월 12일 초판 1쇄 발행
2022년 9월 30일 2쇄 발행

지은이 │ 구슬 · 김동현
펴낸이 │ 이형세
책임편집 │ 윤정기
교정교열 │ 박민창
디자인 │ 기민주
펴낸곳 │ 테크빌교육(주)
주소 │ 서울시 강남구 언주로 551, 프라자빌딩 5층, 8층
전화 │ 02-3442-7783(333)
팩스 │ 02-3442-7793
ISBN │ 979-11-6346-097-8 03370